EinFach
Deutsch

Thomas Mann

Mario und
der Zauberer
... verstehen

Erarbeitet von
Roland Kroemer

Herausgegeben von
Johannes Diekhans
Michael Völkl

Bildnachweis

|bpk-Bildagentur, Berlin: Nationalgalerie, SMB/Göken, Klaus 48. |Cinetext Bild & Textarchiv GmbH, Wetzlar: 69. |Der Spiegel, Hamburg: aus SPIEGEL Special 1/2008 46. |KEYSTONE-SDA-ATS AG, Frankfurt/M.: Thomas-Mann-Archiv/ Gutsche, Fritz 56. |Picture-Alliance GmbH, Frankfurt/M.: IMAGNO/Austrian Archives 50. |ullstein bild, Berlin: 47; histopics 51; Hoffmann, Heinrich 62. |© Hans-Meid-Stiftung: 13, 15, 18, 22, 24, 25, 29, 36, 40, 44.

westermann GRUPPE

© 2011 Bildungshaus Schulbuchverlage
Westermann Schroedel Diesterweg Schöningh Winklers GmbH,
Georg-Westermann-Allee 66, 38104 Braunschweig
www.westermann.de

Druck A⁶ / Jahr 2022
Alle Drucke der Serie A sind im Unterricht parallel verwendbar.

Umschlaggestaltung: Nora Krull, Bielefeld
Umschlagbild: Cinetext Bildarchiv
(Szenenbild aus „Mario und der Zauberer", 1994)
Druck und Bindung: Westermann Druck Zwickau GmbH,
Crimmitschauer Straße 43, 08058 Zwickau

ISBN 978-3-14-022497-0

Inhaltsverzeichnis

An die Leserin und den Leser

Liebe Leserin, lieber Leser!

„Ich selbst habe immer noch etwas übrig für diese Geschichte. Als ich sie schrieb, glaubte ich nicht, dass Cipolla in Deutschland möglich sei. Es war eine patriotische Überschätzung meiner Nation. Schon die gereizte Art, in der die Kritik die Erzählung aufnahm, hätte mir zeigen sollen, wohin die Reise ging und was alles auch in dem ‚gebildetsten Volk' – gerade in ihm – möglich sein werde."[1]

Diese Sätze über seine 1930 erschienene Novelle „Mario und der Zauberer" schrieb Thomas Mann 1947, also zwei Jahre nach dem Ende des Zweiten Weltkriegs. Spürbar sind der moralische Schock und die tiefe Enttäuschung über seine Landsleute, die sich von Adolf Hitler verführen ließen und ihm bereitwillig bis in den Untergang folgten.

Das Werk entstand Ende der 1920er-Jahre und basiert auf Erfahrungen, die der Autor während seines Urlaubs im faschistischen Italien gemacht hat. Einem Seismografen gleich hat Mann die damalige Stimmung aufgenommen und zu einer äußerst dichten und eindrucksvollen Erzählung geformt. Vor dem Hintergrund der bald darauf folgenden ‚Machtergreifung' der Nationalsozialisten in Deutschland und im Rückblick auf Krieg und Holocaust wird deutlich, welch visionärer Text „Mario und der Zauberer" ist. Für uns heutige Leser ist die Parallele zwischen dem charismatischen Hypnotiseur Cipolla, der über sein Publikum immer mehr Macht gewinnt, und Diktatoren wie Mussolini oder Hitler kaum zu übersehen. Zweifellos gehört Manns Novelle zu einem der wichtigsten literarischen Dokumente aus der Zeit unmittelbar vor der Katastrophe.

---

[1] Dichter über ihre Dichtungen. Thomas Mann, Teil II: 1918–1943. München 1979, S. 372

In keinem anderen belletristischen Werk dieser Jahre wird das wechselseitige Verhältnis zwischen Führer und Masse so präzise herausgearbeitet und dargestellt. Im Mikrokosmos einer abendlichen Zauberveranstaltung führt Mann die (sozial-)psychologischen Faktoren vor, die aus einer Ansammlung zivilisierter Menschen allmählich eine emotionale Masse machen, die von einem willensstarken Mann geführt wird und schließlich alle Hemmungen verliert. So verhilft uns die Novelle auch zu Antworten auf die nach wie vor drängenden Fragen, wie Hitlers Aufstieg in Deutschland möglich war und wie ein kultiviertes Volk dem Demagogen derart verfallen konnte.

Es wäre jedoch zu kurz gegriffen, würde man nur den zeithistorischen Wert der Novelle betonen. Aufgrund ihres parabelhaften Charakters, der sie aus einer konkreten Epoche ins Allgemeingültige hebt, hat sie auch über 80 Jahre nach ihrem Erscheinen nichts an Aktualität und Brisanz verloren. Im Gegenteil, gerade in der heutigen unsicheren Zeit von zahllosen Kriegen weltweit, der Entstehung neuer Konflikte zwischen den Kulturen und dem Wiedererwachen nationalistischer und antisemitischer Tendenzen auch in Europa lässt sich die Novelle „Mario und der Zauberer" als eindringliche Mahnung und Warnung lesen: Cipolla – so ruft uns Thomas Mann zu – ist *jederzeit* möglich. Wir alle müssen wachsam bleiben, um seiner Verführung nicht zu erliegen.

Neben all diesen wichtigen Aspekten ist die Novelle aber auch noch aus einem ganz anderen Grund überaus lesenswert: Sie ist ein formvollendetes literarisches Kunstwerk, in dem sich Thomas Mann wie in all seinen Texten als großer Erzähler und Stilist beweist. Ihre Lektüre wird zu einem ästhetischen und äußerst kurzweiligen Genuss.

Der vorliegende Band aus der Reihe „EinFach Deutsch – ... verstehen" möchte einen Einblick in dieses Stück Weltliteratur eröffnen. Neben ersten Zugängen zur Interpretation

der Novelle dienen Anmerkungen zum biografischen, zeitgeschichtlichen und sozialwissenschaftlichen Hintergrund
der Vertiefungsmöglichkeit. Für eine erfolgreiche Prüfungs-
vorbereitung können außerdem die Aufgabenform „Perso-
nencharakterisierung" sowie textanalytische Verfahren erarbeitet werden.

Viel Freude beim Lesen, Nachdenken und Verstehen
wünscht

Roland Kroemer

Der Inhalt im Überblick

Die Novelle spielt im italienischen Badeort Torre di Venere in den 1920er-Jahren.

In einer umfangreichen Exposition (Einführung) berichtet der Erzähler von den ärgerlichen Vorfällen, die er und seine Familie im Hotel und am Strand erleben. So dürfen sie als ausländische Touristen im Gegensatz zu den Einheimischen nicht auf der Veranda speisen, werden wegen des Keuchhustens des Sohnes auf Weisung der Hoteldirektion ausquartiert und müssen schließlich, nachdem die kleine Tochter nackt über den Badestrand gelaufen ist, eine Geldstrafe zahlen. Die Atmosphäre im Ort ist nervös und nationalistisch aufgeladen.

In der Haupthandlung besucht der Erzähler mit seiner Familie die groß angekündigte Abendshow des Zauberkünstlers Cipolla. Dieser erweist sich als begnadeter Hypnotiseur, der das Publikum durch die verschiedensten Kunststücke begeistert. Allen Programmpunkten ist gemein, dass Cipolla anderen Menschen seinen Willen aufzwingt. Vom ersten harmlosen Rechenspiel über diverse Hypnoseversuche bis hin zur allgemeinen Tanzorgie am Ende gelingt es ihm immer mehr, die Kontrolle über sein Publikum zu gewinnen. Angesichts dieser Entwicklung und auch wegen der patriotischen Äußerungen des Hypnotiseurs wächst die Sorge des Erzählers. Besonders im Blick auf seine Kinder hält er es eigentlich für geboten, die Veranstaltung zu verlassen, bleibt aber aus Bequemlichkeit und Neugier.

Im Schlussteil der Novelle ruft Cipolla den Kellner Mario auf die Bühne. Er versetzt den jungen Mann, der unter Liebeskummer leidet, in Hypnose und animiert ihn dazu, ihm einen Kuss zu geben. Aus der Trance erwacht, erkennt Mario die öffentliche Demütigung, zieht einen Revolver und erschießt Cipolla aus Rache. Im allgemeinen Tumult verlassen der Erzähler und seine Familie die Veranstaltung.

Die Personenkonstellation

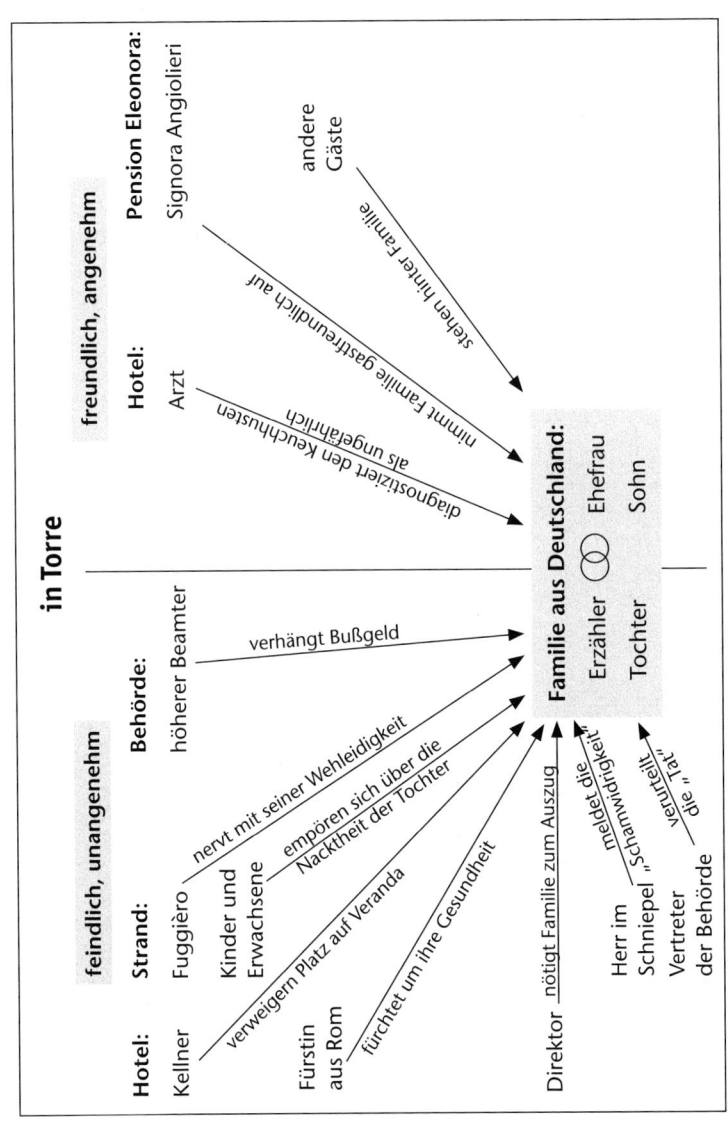

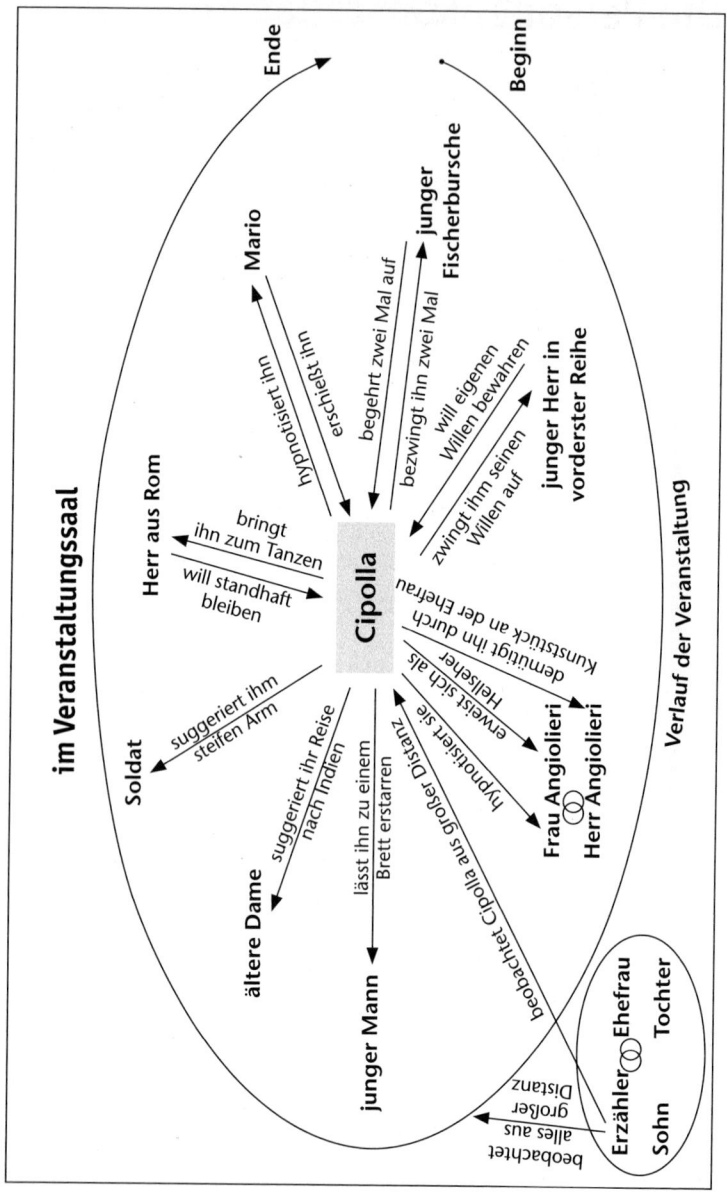

Inhalt, Aufbau und erste Deutungsansätze

Die Gesamtstruktur

Auch wenn die Novelle nicht in einzelne, nummerierte Kapitel unterteilt ist, lässt sie sich hinsichtlich ihres Handlungs- und Spannungsverlaufs doch in vier Hauptteile gliedern: Der erste Teil umfasst die Episoden im Hotel und am Strand, der zweite Teil die erste Hälfte der Zaubershow sowie die Pause, der dritte Teil die zweite Hälfte der Veranstaltung und der vierte Teil schließlich die dramatischen Ereignisse zwischen Cipolla und Mario.

Einteilung in vier Hauptabschnitte

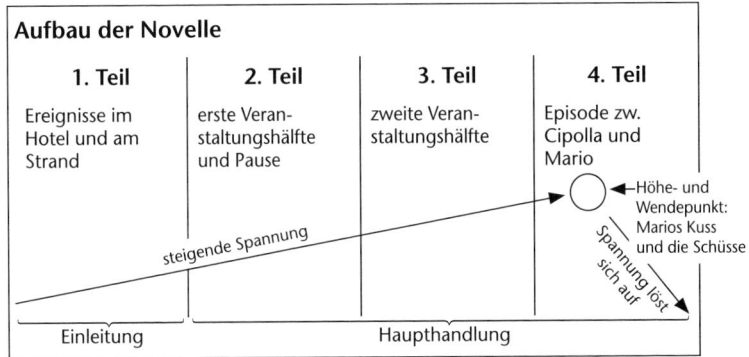

Aufbau der Novelle

1. Teil	2. Teil	3. Teil	4. Teil
Ereignisse im Hotel und am Strand	erste Veranstaltungshälfte und Pause	zweite Veranstaltungshälfte	Episode zw. Cipolla und Mario

steigende Spannung

Höhe- und Wendepunkt: Marios Kuss und die Schüsse

Spannung löst sich auf

Einleitung — Haupthandlung

1. Ereignisse im Hotel und am Strand

Die einleitenden Andeutungen und Beschreibungen (S. 9–13)[1]

Die ersten drei Sätze der Novelle wecken Neugier auf die folgende Handlung. Vorausblickend deutet der Erzähler

Die ersten drei Sätze:

---

[1] Sämtliche Stellenangaben beziehen sich auf die im Literaturverzeichnis aufgeführte Textausgabe des Fischer Taschenbuch Verlags.

Erzeugung von
Spannung und
Verknüpfung der
Ereignisse

dramatische Erlebnisse im italienischen Badeort Torre di Venere an – er spricht von einem „Choc mit diesem schrecklichen Cipolla", vom „Ende mit Schrecken" und von einer „Katastrophe" (S. 9) –, ohne aber schon Details zu verraten. Damit erzeugt er von Beginn an Spannung, will die Leserin/der Leser doch erfahren, was konkret geschehen ist. Außerdem stellt die Einleitung eine Art Klammer der Ereignisse dar: Die ersten Sätze verknüpfen die Episoden im Hotel und am Strand mit der späteren Zauberveranstaltung und unterstreichen dadurch deren inhaltliche Verwandtschaft. So legt bereits der Novellenbeginn nahe, dass der Hypnotiseur Cipolla, „in dessen Person sich das eigentümlich Bösartige der Stimmung […] zu verkörpern und bedrohlich zusammenzudrängen schien" (S. 9), und die späteren Ereignisse im Saal nur vor dem Hintergrund des gesellschaftlichen Klimas zu verstehen sind, das in Italien zur Zeit der Handlung herrscht.

Handlung spielt
im faschistischen
Italien um 1926

Obwohl im Text keine konkreten Zeitangaben genannt sind, ist doch mit einigem Recht davon auszugehen, dass die Novelle 1926 spielt. Im Sommer dieses Jahres hat Thomas Mann mit seiner Frau Katia und den beiden jüngsten Kindern Elisabeth und Michael seinen Sommerurlaub im italienischen Badeort Forte dei Marmi verbracht – autobiografischer Hintergrund für seine 1929 geschriebene Novelle mit dem bezeichnenden Untertitel „Ein tragisches Reiseerlebnis". In späteren Briefen weist Mann wiederholt darauf hin, dass er alles, was er in „Mario und der Zauberer" erzählt, ähnlich auch in der Realität erlebt, wenn auch teilweise ausgeschmückt und dramatisiert hat (siehe S. 55 ff.). Es sollte sein vorerst letzter Italienurlaub gewesen sein, zu sehr haben ihn die damaligen Erfahrungen im Land beunruhigt, das im Laufe der 1920er-Jahre unter dem faschistischen ‚Duce' Benito Mussolini immer deutlicher nationalistische und rassistische Seiten zeigte (siehe S. 46 ff.).

Von dieser aufgeheizten Stimmung erfährt man anfangs nur wenig. Der Erzähler beschreibt den Urlaubsort zunächst als friedlich und idyllisch, seine Sätze könnten fast aus einem Reiseführer entnommen sein: „Torre liegt etwa fünfzehn Kilometer von Portoclemente, einer der beliebtesten Sommerfrischen am Tyrrhenischen Meer" (S. 9f.). Erst gegen Ende des Abschnitts mischen sich auch negative

Allgemeine Beschreibung des Badeorts Torre di Venere

Torre di Venere (Vorsatzblatt von Hans Meid zur ersten Buchausgabe der Novelle)

Töne in die Beschreibung: Nun ist die Rede „von zeterndem, zankendem, jauchzendem Badevolk, dem eine wie toll herabbrennende Sonne die Haut von den Nacken schält" (S. 11), vom „Gedränge nachmittags in den Garten-Cafés" (S. 12) und vom „abstoßende[n] Anblick" (S. 13) der von weißem Staub bedeckten Gebüsche. Schon der einleitende Teil stimmt also auf die gespannte Atmosphäre ein, die im Folgenden durch einzelne, sich steigernde Episoden illustriert wird. Gleichzeitig wird bereits in diesen Sätzen erahnbar, dass der Erzähler keineswegs so souverän und ausgeglichen ist, wie es zunächst vielleicht scheinen mag. Hinter seinem ruhigen und abgeklärt wirkenden Habitus (Verhalten) verbergen sich durchaus eine gewisse Nervosität und Gereiztheit, die im Laufe der Ereignisse immer deutlicher werden.

Der verwehrte Platz in der Hotelveranda (S. 13–15)

Subtiler Nationalismus: Hotelgäste zweiter Klasse

Die erste Episode ist jedoch noch recht harmlos, scheinbar kaum der Rede wert. Die Kellner verwehren dem Erzähler und seiner Familie den gewünschten Essplatz in der stimmungsvoll beleuchteten Hotelveranda und weisen ihnen Stühle an den weniger gemütlichen Saaltischen zu. Erst im Rückblick, in der Aufeinanderfolge ähnlicher Ärgernisse, wird deutlich, dass die Szene symptomatisch für die herrschende Stimmung ist: Die Kellner unterscheiden strikt zwischen Italienern, die „unser[e] Kundschaft" (S. 14) genannt werden, und den ausländischen Touristen. Nur die Landsleute haben das Privileg, in der Veranda zu speisen. Eine plausible Begründung für diese unterschiedliche Behandlung der Gäste wird jedoch nicht gegeben. Und auch der Erzähler verzichtet auf eine klärende Aussprache – erstes Anzeichen für seine passive, konfliktscheue Haltung, die im weiteren Handlungsverlauf immer klarer zum Vorschein kommen wird.

Der Keuchhusten (S. 15–19)

Rückfall in hierarchisches Stände-Denken

Kurz nach der Verandaepisode muss die Familie erneut eine demütigende Ausgrenzung, diesmal noch um einiges unhöflicher, ertragen. Wurde ihnen zuvor lediglich der Aufenthalt in der Hotelveranda verwehrt, so sollen sie nun wegen des Keuchhustens des Sohnes – eigentlich handelt es sich nur noch um „Restspuren" und „schwache Nachklänge" (S. 15) – sogar in den Nebenbau des Hotels ausweichen. Dabei lässt sich durchaus annehmen, dass einer italienischen Familie ein solcher Umzug nicht zugemutet worden wäre. Auch hier zeigt sich ein nationalistisch geprägtes

Hierarchie-Denken, das die Gesellschaft in verschiedene Stände und Schichten einteilt: Der Wunsch, die Familie aus Deutschland möge sich entfernen, wird vom „[r]ömische[n] Hochadel" geäußert, es ist die Rede von einem „Principe X." und einer „Fürstin" (S. 15). Die Hotelleitung, die vor den Adeligen „liebedienerte" (S. 15), zeigt einen „Byzantinismus" (S. 17), also eine Kriecherei, die den Erzähler erbost. Jedoch nur insgeheim: Wie für ihn typisch, drückt er seinen Ärger gegenüber dem Manager nicht aus, sondern ‚schluckt ihn herunter'.

Man einigt sich darauf, „dass der Fall vor das medizinische Forum gebracht" (S. 16) wird: Ein Arzt, „ein loyaler und

Die Ohnmacht von Wissenschaft und Vernunft

„Ein loyaler und aufrechter Diener der Wissenschaft" (Zeichnung von Hans Meid aus der ersten Buchausgabe)

aufrechter Diener der Wissenschaft" (S. 16), wird zur Beurteilung der Krankheit hinzugezogen. Doch obwohl er den Keuchhusten als überwunden und damit als nicht ansteckend diagnostiziert, nimmt die Direktion die Forderung nach dem Hotelauszug in „wortbrüchige[r] Hartnäckigkeit" (S. 17) nicht zurück. Die Einschätzung des Mediziners erweist sich letztlich als völlig irrelevant für ihre Entscheidung. So offenbart sich bereits in dieser Szene, dass in einer nationalistisch aufgeheizten Stimmung sowohl Gerechtigkeitssinn als auch Wissenschaft und Vernunft auf verlorenem Posten stehen und das Feld Ungerechtigkeiten und törichtem „Aberglauben" (S. 15) überlassen müssen. Die Familie kapituliert, packt ihre Koffer und zieht in die nahe gelegene Pension Eleonora. Wieder zeigt der Erzähler einen typischen Charakterzug: Er geht unangenehmen Situationen aus dem Weg, versucht gar nicht erst, für sein Recht einzutreten, sondern beugt sich den Entscheidungen anderer, mögen sie noch so ungerecht und irrational sein.

Allgemeine Gereiztheit (S. 19–25)

Arrogante Haltung des gereizten Erzählers

Trotz der neuen, angenehmeren Unterkunft, in der sich die Familie durchaus willkommen fühlt, kann der Erzähler den Aufenthalt nach den ärgerlichen Erlebnissen nicht mehr genießen: „Sie beschäftigten mich zu lange, stürzten mich in ein irritierendes Nachdenken" (S. 19). Er lässt sich von der feindlichen Atmosphäre anstecken und reagiert nun seinerseits gereizt. Die andauernde Hitze hält er auf einmal für „stumpfsinnig" und empfindet „Verachtung" (S. 21) für sie. Und auch am Strand will keine rechte Urlaubsstimmung mehr aufkommen, der Erzähler fühlt sich „umringt von menschlicher Mediokrität [Mittelmäßigkeit] und bürgerlichem Kroppzeug [ugs. für Pack, Gesindel]" (S. 22). Es scheint, als müsste er sein durch die erlittenen Unhöflichkeiten verletztes Selbstwertgefühl durch Arroganz und Überheblichkeit wieder aufbauen. Scheut er auch davor zurück, bei erlebten Ungerechtigkeiten aktiv einzuschreiten, so bewertet und kommentiert er die Ereignisse doch aus der sicheren Distanz des passiven Beobachters.

Fuggièros ‚Drama' am Strand: der Krebsbiss

In dieser gereizten Stimmung erlebt der Erzähler den dramatischen Auftritt eines italienischen Jungen namens Fuggièro, der sich, nachdem er im Wasser von einem Krebs in die Zehe gezwickt worden ist, wehleidig schreiend an den Strand schleppt und von seinen Landsleuten sorgenvoll umringt wird. Wieder wird der Hotelarzt zu Hilfe gerufen, der die harmlose „Kniffwunde" aber sogleich für „null und nichtig" erklärt (S. 23). Doch „sein wissenschaftlicher Geradsinn" (S. 23) kann gegen die allgemeine Hysterie nichts ausrichten, erneut hat er als Vertreter des gesunden Menschenverstands keine Chance gegen das irrational aufgeheizte gesellschaftliche Klima im Land. Wider alle Vernunft wird

Fuggièro wie ein Schwerverletzter auf einer Bahre davongetragen – fast scheint es, als projizierten die Einheimischen ihre eigenen Ängste und Schmerzen auf den Jungen.

Diese Episode ist symptomatisch für die allgemeine Stimmung am Strand, die der Erzähler zunächst aber kaum in Worte zu fassen vermag. Er empfindet sie als „schwer greifbar in der Luft liegend" und konstatiert vage, dass „es der Atmosphäre an Unschuld, an Zwanglosigkeit" (S. 24) fehle. Erst allmählich realisiert er, „dass Politisches umging, die Idee der Nation im Spiele war" (S. 24). Dies wird ihm am seltsamen Verhalten der Kinder besonders deutlich: Spielen diese normalerweise wie selbstverständlich miteinander, ohne auf ihre jeweilige Nationalität zu achten, so sind sie hier am Strand wie ihre Eltern bereits vom Virus des Nationalismus befallen: Es kommt zu „Empfindlichkeiten", „Flaggenzwist" und „Streitfragen des Ansehens und Vorranges" (S. 25). Und auch „Erwachsene mischten sich weniger schlichtend als entscheidend und Grundsätze wahrend ein, Redensarten von der Größe und Würde Italiens fielen, unheiter-spielverderberische Redensarten" (S. 25). Ihren eigenen Kindern, die durch das Verhalten der Spielkameraden irritiert und verunsichert sind, versuchen der Erzähler und seine Frau mit Blick auf den grassierenden Patriotismus zu erklären, dass die Einheimischen eine merkwürdige Phase, „etwas wie eine Krankheit", durchmachten, „nicht sehr angenehm, aber wohl notwendig" (S. 25).

Patriotismus am Strand

Die „Schamwidrigkeit" am Strand (S. 25–29)

Die Auswirkungen dieser „Krankheit" muss die Familie aus dem Ausland bald am eigenen Leib erfahren. Als die achtjährige Tochter nackt über den Strand läuft, um ihren Badeanzug im Wasser vom Sand zu befreien, ist die allgemeine Aufregung – „die Welle von Hohn, Anstoß, Widerspruch" (S. 26) – groß. Die italienischen Kinder johlen, die Erwachsenen reagieren auf den Anblick des unbekleideten

Die Verletzung der „öffentlichen Moral"

Körpers prüde-hysterisch und fordern Sanktionen. Das Mädchen hat mit seinem – unschuldigen – Verhalten „die öffentliche Moral" (S. 26) verletzt. Ein „Herr in städtischem Schniepel [Frack], den wenig strandgerechten Melonenhut im Nacken", erhebt sich zum Ankläger und wirft der Fami-

Die „Schamwidrigkeit" am Strand

lie „Schamwidrigkeit" und „Missbrauch der Gastfreundschaft Italiens" (S. 27) vor. Wesentlich deutlicher als in den vorangegangenen Episoden treten nun die Gefahren des wachsenden Nationalismus zum Vorschein. Zum ersten Mal ist von „Zucht und Sitte" (S. 27) die Rede, der patriotisch gesinnte Mann beruft sich nicht nur auf „Buchstabe und Geist der öffentlichen Badevorschriften", sondern auch auf die „Ehre seines Landes" und hält das Verhalten der Familie für einen „Verstoß gegen die nationale Würde" (S. 27).

Trotz mehrfacher Entschuldigung und Beteuerung der Familie, nicht absichtlich und in Unwissenheit gegen die Vorschriften verstoßen zu haben, wird der Fall der „Behörde" (S. 28) gemeldet. Nun wird kein Vertreter der Wissenschaft zur Entscheidung mehr herangezogen, sondern „ein höherer Beamter" (S. 29), gewissermaßen ein ausführendes Organ des mächtiger werdenden Nationalismus. Im Gegensatz zum Arzt in den vorangegangenen Episoden wird der Beamte von irrationalen Vorurteilen – eben der

Der Urteils-
spruch

„öffentliche[n] Moral" (S. 26) – geleitet. Schon sehen sich der Erzähler und seine Familie in einem juristischen Verfahren, ihnen wird „ein Sühne- und Lösegeld" (S. 29) auferlegt. Aus einer an sich harmlosen Strandszene ist urplötzlich eine Gerichtsszene geworden, in der sich die menschenverachtende Strafpraxis der faschistischen Diktaturen bereits abzeichnet. Wieder behält der Erzähler seinen Ärger für sich und bezahlt anstandslos das Geld. Die erlittene Demütigung kompensiert er durch Spott: „Wir fanden, diesen Beitrag zum italienischen Staatshaushalt müsse das Abenteuer uns wert sein" (S. 29). Die Überheblichkeit, die sich in solcher Ironie offenbart, steht in krassem Widerspruch zur gezeigten Unterwürfigkeit gegenüber den Einheimischen. Der Erzähler macht sich – insgeheim – über sie und ihr Land lustig, die ärgerliche Episode wird nachträglich als „Abenteuer" umgedeutet. Während er sich in der konkreten Situation kleinmacht, präsentiert er sich in seinen Kommentaren als Mann von Welt, der souverän über den Dingen steht.

Im Rückblick wird deutlich, dass die einzelnen, sich steigernden Episoden im Hotel und am Strand keine separaten, zufälligen Ereignisse sind, sondern zusammenhängen und die aufgeheizte nationalistische Stimmung in der Gesellschaft widerspiegeln. Eine Gemeinsamkeit aller Episoden ist der Aspekt der Körperlichkeit: Anfangs wird die Familie des Erzählers daran gehindert, in der stilvoll beleuchteten Veranda zu speisen, ihnen wird also die gewünschte Sinnlichkeit verwehrt. Anschließend stehen körperliche Dinge explizit im Zentrum: zunächst in Form des Keuchhustens des Sohnes, dann als Krebsbiss in den Fuß des italienischen Jungen und schließlich in Form der Nacktheit der Tochter. Die faschistische Gesellschaft will absolute Kontrolle über den Einzelnen, nichts soll für ihn privat und individuell bleiben – auch und gerade seine Körperlichkeit und Sinnlichkeit nicht. Insofern lassen sich die Reaktionen

Körperlichkeit und Sinnlichkeit als Ausdruck des Individuellen versus die Uniformität der Gesellschaft

der Einheimischen auf die Familie des Erzählers als Versuche deuten, auch deren Individualität zu beschränken. Gerade die Nacktheit der Tochter in der letzten Episode, dem Höhepunkt des ersten Teils der Novelle, muss für die faschistische, durch Regeln und Verbote reglementierte Gesellschaft eine Provokation darstellen, repräsentiert der unbekleidete, natürliche Körper doch das Gegenteil der sonst herrschenden Uniformität und Bürokratie. So ist es kein Wunder, dass die begangene Provokation umgehend bestraft wird: Das kurzzeitig aufblitzende Individuelle wird sofort in die Schranken von Gesetz und Vorschrift zurückgedrängt und damit kontrolliert.

Die Eskalation der Handlung

Gemeinsamkeit:

E S K A L A T I O N

1. Episode: das verwehrte Essen in der Hotelveranda
2. Episode: der Keuchhusten
3. Episode: der Krebsbiss
4. Episode: die nackte Tochter am Strand

Kontrolle über das Individuum: Ausgrenzung der Körperlichkeit

Katastrophe während Cipollas Veranstaltung

Die Reflexionen des Erzählers (S. 29–30)

Gründe, trotz aller Ärgernisse in Torre zu bleiben

Auf dieses unerfreuliche Ereignis am Strand folgen die Reflexionen des Erzählers, der sich darüber Rechenschaft zu geben versucht, warum er trotz aller Ärgernisse mit seiner Familie nicht abgereist ist. „Hätten wir es nur getan!" (S. 29), meint er zwar mit Blick auf die kommenden dramatischen Ereignisse, führt dann aber doch drei Gründe für sein Bleiben an. Als Erstes nennt er – sich auf einen Dichter (nämlich den Romantiker Novalis (1772–1801)) beziehend – die „Trägheit" (S. 29), die einen Menschen an peinliche Situationen kette. Der zweite Grund sei der Stolz, „man zögert, zuzugeben, dass man sich unmöglich gemacht habe" (S. 29). Und drittens halte einen auch die Neugier vom Abreisen ab: „Wir blieben auch deshalb, weil der Aufenthalt uns merkwürdig geworden war und weil Merkwürdigkeit ja in sich selbst einen Wert bedeutet, unabhängig von Behagen und Unbehagen." (S. 30) Es ist offensichtlich, dass der Erzähler diesen dritten Grund als entscheidend für sein Bleiben ansieht, die zwei vorher genannten erwähnt er nur kurz und wie nebenbei. Seine eigentliche Motivation, nicht abzureisen, scheinen die heimliche Faszination an den immer bedrohlicher werdenden Vorfällen und die Neugier auf das Kommende zu sein. So beendet er seine Reflexionen auch mit der festen Überzeugung: „Nein doch, man soll bleiben, soll sich das ansehen und sich dem aussetzen, gerade dabei gibt es vielleicht etwas zu lernen." (S. 30) In dieser Textpassage wird somit ein anderer, höchst bedenklicher Charakterzug des Erzählers deutlich, der sich zu seiner allgemeinen passiven Grundhaltung gesellt: Seine Beobachterrolle nimmt er nicht nur aus Bequemlichkeit und Konfliktscheu ein, sondern auch aus einer gewissen Neugier, ja Sensationsgier. Selbst bei erlebten Ungerechtigkeiten kann er sich nicht dazu durchringen, zu gehen, geschweige denn aktiv einzugreifen, erhofft er sich doch einen gewissen ‚Nervenkitzel' vom Erlebten. Und auch den „schrecklichen Lohn" seines Bleibens nennt der Erzähler bereits an dieser Stelle: nämlich die „eindrucksvoll-unselige Erscheinung Cipollas" (S. 30). Durch die namentliche Erwähnung des Hypnotiseurs nähert sich die Novelle nun ihrem nächsten Hauptteil.

Ausklang des ersten Teils (S. 30–32)

Einen Übergang dazu stellt der Schlussabschnitt des ersten Teils dar, in dem der Erzähler die Situation in Torre di Venere kurz vor dem Hypnoseabend beschreibt. Die Hauptsaison endet, es findet „große Abreise" (S. 31) statt, die meisten Touristen verlassen den Badeort. „Der Strand entnatio-

Überleitung zum nächsten Hauptteil

nalisierte sich" (S. 31). Die Italiener, so ließe sich mit Blick auf die kommenden Ereignisse sagen, sind nun mehr und mehr unter sich – bereit für den patriotischen Gaukler Cipolla. Wie zur Ankündigung des unheilvollen Mannes wechselt nun auch das Wetter: „Der Himmel bedeckte sich" (S. 31). Es herrscht die passende Atmosphäre für Cipollas Erscheinen.

2. Die erste Hälfte von Cipollas Veranstaltung und die anschließende Pause

Vor Cipollas Auftritt (S. 32–38)

Ankündigung von Cipollas Zaubershow

Eingeleitet wird der zweite Teil mit der Ankündigung von Cipollas Zaubershow. Im ganzen Ort sind Plakate aufgehängt, auf denen die Künste des „fahrende[n] Virtuose[n]" (S. 32) marktschreierisch angepriesen werden: „Cavaliere Cipolla", der „Prestidigitatore" (Taschenspieler), werde sein Publikum „mit einigen außerordentlichen Phänomenen geheimnisvoller und verblüffender Art" (S. 32) begeistern. Von seinen Kindern gedrängt, kauft der Erzähler – trotz der angesetzten späten Stunde der Show – Eintrittskarten und macht sich am betreffenden Abend mit der Familie auf den Weg zum Veranstaltungsort, einem Saalbau, „nichts Besseres eigentlich als eine allerdings geräumige Bretterbude" (S. 34). Dass Cipolla nicht in einer festlicheren Umgebung auftritt, weist bereits auf das Derbe, etwas Zwielichtige seiner Veranstaltung

Cipollas Ankündigung

hin. So führt auch der Weg von der Pension zu Cipolla „vom Feudalen über das Bürgerliche ins Volkstümliche" (S. 33), veranlasst die Familie also gleichsam, in ein anderes gesellschaftliches Milieu einzutreten.

Im Saal angekommen und den Platz auf einer der Bänke eingenommen, muss der Erzähler besorgt feststellen, „dass man die ohnedies bedenkliche Anfangsstunde auch noch lax behandelte" (S. 34): Die Zuschauerreihen füllen sich nur allmählich, auch der Zauberkünstler lässt auf sich warten. Zeit für den Erzähler, das überaus heterogene Publikum genauer zu betrachten. Es besteht einerseits aus Einheimischen unterschiedlichster Gesellschaftsschichten, von denen die Familie einige – etwa den Kellner Mario – bereits kennt; andererseits aus Touristen aus aller Welt: „Man hörte Englisch und Deutsch. Man hörte Französisch, das etwa Rumänen mit Italienern sprechen." (S. 36 f.) Im Blick auf die kommenden Ereignisse lässt sich diese unterschiedliche Zusammensetzung des Publikums als eindringliche Warnung interpretieren: Menschen wie Cipolla stellen eine ganz allgemeine Gefahr dar. Für die Verführung durch Demagogen wie ihn sind nicht nur einzelne soziale Schichten oder bestimmte Nationen anfällig, sondern letztlich alle Menschen.

Das gemischte Publikum: die Verführbarkeit aller Menschen durch Demagogen

Cipollas Auftritt (S. 38–42)

Nachdem das Publikum seine wachsende Ungeduld mit rhythmischem Klatschen bekundet hat, öffnet sich schließlich der Vorhang und der Zauberkünstler – „[e]in Mann schwer bestimmbaren Alters, aber keineswegs mehr jung" (S. 38) – eilt auf die Bühne. Schon dieser Auftritt zeigt, wie berechnend Cipolla ist: „Er kam in jenem Geschwindschritt herein, in dem Erbötigkeit gegen das Publikum sich ausdrückt und der die Täuschung erweckt, als habe der Ankommende in diesem Tempo schon eine weite Strecke zurückgelegt, um vor das Angesicht der Menge zu gelangen,

Cipollas Erscheinung

während er doch eben noch in der Kulisse stand." (S. 38) So wird in seinem Auftreten die Kluft zwischen Wirklichkeit und Schein erahnbar – eine Kluft, die während der Veranstaltung immer deutlicher werden wird. Cipolla ist „in

Der Hypnotiseur Cipolla

eine Art von komplizierter Abendstraßeneleganz gekleidet", trägt einen „Radmantel mit Samtkragen und atlasgefütterter Pelerine", weiße Handschuhe, einen „weißen Schal" und einen „geschweiften, schief in die Stirne gerückten Zylinderhut" (S. 39). Sein Körper scheint irgendwie verwachsen zu sein. Beim Anblick Cipollas muss der Erzähler sogleich an einen Scharlatan und Possenreißer denken, er gewinnt den „Eindruck reklamehafter und fantastischer Narretei" (S. 39). Doch im Kontrast zu diesem äußeren Eindruck hat der Mann auf der Bühne in seinem Auftreten nichts von einem Clown an sich, er wirkt ernst und stolz, zeigt sogar eine „gewisse Würde und Selbstgefälligkeit" (S. 40). Diese Würde unterstreichen auch der „Siegelring mit hochragendem Lasurstein" (S. 40) an seiner Hand und die „Schärpe", die von einigen Zuschauern „für das Abzeichen des Cavaliere" (S. 42), eines italienischen Adeligen, gehalten wird.

Feindselige Spannung im Saal Ohne ein Wort zu sagen, lässt Cipolla seinen strengen Blick durch die Reihen schweifen, mustert das eine oder andere Gesicht, als wollte er prüfen, mit wem er es an diesem Abend zu tun hat. Dann zündet er sich in betonter Lässigkeit eine Zigarette an und stößt den Rauch „arrogant grimassierend" (S. 41) zwischen seinen Zähnen hervor. Das Publikum fühlt sich durch diesen überheblichen Auftritt herausgefordert und taxiert ihn ebenfalls scharf. „Bei den

jungen Leuten auf den Stehplätzen sah man zusammenge-
zogene Brauen und bohrende, nach einer Blöße spähende
Blicke, die dieser allzu Sichere sich geben würde." (S. 41)
So ist die Stimmung im Saal anfangs gespannt, ja feindse-
lig. Zu dieser aufgeladenen Atmosphäre trägt auch die
„Reitpeitsche mit klauenartiger silberner Krücke" (S. 42)
bei, die der Zauberkünstler trägt und während der gesamten Veranstaltung einsetzen wird. Sie symbolisiert Cipollas
Ziel, dem Publikum seinen Willen aufzuzwingen – wenn
nötig, auch mit Gewalt. Bereits an dieser Stelle ist absehbar,
dass sich ein Machtkampf zwischen ihm und den Zuschauern entfalten wird. Cipolla erinnert in seiner Haltung
geradezu an einen Dompteur, der sich das erste Mal den
zu dressierenden Tieren nähert.

Der Auftakt mit dem Fischerburschen (S. 42–51)

Cipollas Absicht, Macht über sein Publikum zu gewinnen,
wird bereits in der nächsten Szene deutlich. Nachdem ein
junger Fischerbursche aus Torre, ungeduldig geworden
über den wortlosen und arroganten Auftritt, ein ironisches
„Buona sera!" [Guten Abend!] (S. 42) auf die Bühne geru-

Das erste
Kunststück

Der aufsässige
Fischerbursche

fen hat, kommt es zu einem ersten
Wortwechsel zwischen ihm und dem
Zauberkünstler. Auch jetzt erweist
sich Cipolla als überaus selbstsicher,
rhetorisch ist er dem Burschen weit
überlegen. Durch suggestive (unter-
schwellig beeinflussende) Einflüsterungen versetzt er ihn mehr und mehr
in Verwirrung: „Du tust, was du willst.
Oder hast du schon einmal nicht getan, was du wolltest? Oder gar getan,
was du nicht wolltest? Was nicht du
wolltest?" (S. 43), fragt er den Burschen, um ihn am Ende aufzufordern,

dem Publikum seine Zunge zu zeigen. Cipolla zielt hier auf einen allgemeinen psychologischen Konflikt ab: In jedem Menschen verbergen sich aggressive und destruktive Impulse, die er aber aufgrund seiner Sozialisation meist nicht auslebt, sondern vor anderen – und häufig auch vor sich selbst – verbirgt. So lehnt auch der Fischerbursche die Aufforderung zum ungehörigen Verhalten zunächst resolut ab: „Es würde von wenig Erziehung zeugen." (S. 44) Doch der Mann auf der Bühne beherrscht sein Handwerk perfekt: Durch seine hypnotischen Fähigkeiten gelingt es ihm, sein Opfer alle Hemmungen vergessen zu lassen. „Er sah ihn an, wobei seine stechenden Augen tiefer in die Höhlen zu sinken schienen." (S. 44) Noch ein kurzer Streich mit der Peitsche durch die Luft, und schon ist der Widerstand gebrochen. In dem Moment, als sich der Bursche Cipollas Befehl beugt und seine Zunge weit herausstreckt, ist der Machtkampf zwischen den beiden entschieden: Der Zauberer hat den Jungen besiegt, zu seiner willenlosen Marionette gemacht. Letztlich, so ließe sich pointiert sagen, ist es also Cipolla selbst, der dem Publikum die Zunge zeigt und damit seine Verachtung ihm gegenüber zum Ausdruck bringt. Er hat seinen ersten Erfolg an diesem Abend erzielt und gönnt sich einen Schluck Kognak, der ihm offensichtlich die nötige Selbstsicherheit und Stärke für sein Auftreten gibt.

Cipollas Eigenschaften: eloquent, eitel, patriotisch und neidisch

Danach wendet er sich das erste Mal direkt an das Publikum. In einer kurzen Ansprache stellt er seine Eloquenz erneut unter Beweis: „Sie sahen mich soeben etwas empfindlich gegen die Belehrung, die dieser hoffnungsvolle junge Linguist [Sprachwissenschaftler] […] mir erteilen zu sollen glaubte. Ich bin ein Mann von einiger Eigenliebe, nehmen Sie das in Kauf! Ich finde keinen Geschmack daran, mir anders als ernsthaften und höflichen Sinnes guten Abend wünschen zu lassen, – es in entgegengesetztem Sinne zu tun, besteht wenig Anlass." (S. 46) Cipolla spricht in sorgfältig gewählter, gehobener Sprache, die durchaus von einer gewissen Bildung zeugt. Seine Sätze, in die er zudem noch zahlreiche Fremdwörter einstreut, haben häufig eine komplexe, hypotaktische Struktur. In seiner Rede zeigt er auch ein großes Maß an Eitelkeit. Außerdem gibt er schon an dieser Stelle seine patriotische, überzogen vaterländische Einstellung zu erkennen, wenn er beklagt, aufgrund seiner körperlichen Behinderung nicht „am Kriege für die Größe des Vaterlandes" teilnehmen zu können, oder stolz daran erinnert, in Rom vor dem „Bruder des Duce" (S. 47), also vor dem Bruder des faschistischen Diktators Benito Mussolini (siehe S. 46 ff.), aufgetreten zu sein. Während seiner Ansprache stichelt er immer wieder gegen den kleinen Ort Torre und spottet über den gedemütigten Fischerburschen und dessen jugendliche Schönheit. Diese Spottlust ist derart auffällig, dass der Erzähler in ihr neben aller Showroutine auch großen Neid zu erkennen glaubt: „Aber es sprach aus seinen Spitzen doch auch echte Gehässigkeit, über deren menschlichen Sinn ein Blick auf die Körperlichkeit beider belehrt haben würde" (S. 48).

Cipollas „kleine[r] Leibesschaden" (S. 50) wird noch deutlicher, nachdem er Hut, Schal und Mantel abgelegt hat. Seine Brust ist zu hoch gewachsen und er hat „eine Art Hüft- und Gesäßbuckel, der den Gang zwar nicht behinderte, aber ihn grotesk und bei jedem Schritt sonderbar ausladend gestaltete" (S. 51). Diese und andere negativen Beschreibungen machen deutlich, dass der Erzähler keine Sympathien für den Mann auf der Bühne hegt. Damit beeinflusst er von Beginn an den Blick des Lesers zuungunsten Cipollas. Doch trotz der unvorteilhaften Erscheinung zeigen sich die Zuschauer nun voller Bewunderung für den Zauberkünstler. Zum einen sind sie noch verblüfft über das soeben demonstrierte Kunststück mit dem jungen Fischerburschen, zum anderen imponiert ihnen auch Cipollas souveränes und selbstsicheres Reden, wozu sicherlich auch die eingestreuten patriotischen Sprüche ihren Teil beitragen.

Beginnende Bewunderung des Publikums für Cipolla

Beginn des Rechenspiels (S. 51–55)

Die Zuschauer derart eingestimmt, eröffnet Cipolla nun das offizielle Abendprogramm mit einem Rechenspiel. Er schreibt, fürs Publikum nicht einsehbar, eine Zahl an die Tafel, die auf der Bühne steht, und verdeckt sie mit einem Blatt Papier. Danach winkt er zwei junge Burschen aus Torre nach vorne und bittet sie, die aus dem Publikum zugerufenen Zahlen ebenfalls an der Tafel zu notieren. Nachdem die beiden jedoch – ob nun wahrhaftig oder scherzhaft – erklären, nicht schreiben zu können, zeigt sich Cipolla im Gegensatz zum Publikum nicht amüsiert: „Er war beleidigt und angewidert." (S. 54) Diese Reaktion lässt vermuten, dass er selbst aus einfachen Verhältnissen stammt und sich seine Bildung und seine Popularität als Zauberkünstler hart und diszipliniert erarbeiten musste. Für Menschen, die dumm und faul sind, hat er nur Verachtung übrig. Die zwei Männer bewusst ignorierend, raucht er „in strenger Ablehnung" (S. 54) in sich zurückgezogen eine Zigarette, um danach erneut über den kleinen Badeort zu spotten: „Wenn wirklich Torre di Venere der letzte Winkel des Vaterlandes sein sollte, in den die Unkenntnis der Elementarwissenschaften sich geflüchtet hat, so müsste ich bedauern, einen Ort aufgesucht zu haben, von dem mir allerdings bekannt sein musste, dass er an Bedeutung hinter Rom in dieser und jener Beziehung zurücksteht …" (S. 55) Er scheint es geradezu darauf anzulegen, die Zuschauer gegen sich aufzubringen und zum Widerstand zu animieren.

Spott über den provinziellen Badeort Torre

Erneutes Intermezzo mit dem Fischerburschen (S. 55–61)

Aggressive Stimmung im Saal

Provoziert durch die abfälligen Äußerungen, erhebt sich der Fischerbursche von vorhin „erhobenen Hauptes zum Ritter seines Heimatstädtchens" (S. 55). Laut dazwischenrufend fordert er den Zauberkünstler auf, seinen Spott zu beenden. Cipolla lässt sich „mit grimmiger Herzlichkeit" (S. 57) auf den Machtkampf ein, als hätte er auf eine solche Unterbrechung nur gewartet, und verwickelt den jungen Mann in einen erneuten Wortwechsel. Die Spannung im Saal steigt. Kurz hat es den Anschein, als könnte sich der Bursche nicht mehr beherrschen und würde sich wütend auf sein Gegenüber stürzen. Auch in dieser Situation bewahrt Cipolla kühle Souveränität und Ruhe, lässt sich von der Rage des Jüngeren nicht anstecken. „Er blieb kalt, zeigte vollkommene Überlegenheit. Eine lächelnde Kopfbewegung seitlich gegen den Kampfhahn, den Blick ins Publikum gerichtet, rief dieses zum mitlächelnden Zeugen seiner Rauflust auf, durch die der Gegner nur die Schlichtheit seiner Lebensform enthüllte." (S. 57 f.)

In dieser Szene wird Cipollas Taktik besonders deutlich: Obwohl der junge Mann eigentlich Verteidiger und Vertreter von Torre und damit des überwiegenden Teils des Pub-

likums ist, gelingt es dem Zauberkünstler, die Zuschauer gegen ihn zu gewinnen. Cipolla lässt sie mit einer lächelnden Kopfbewegung vergessen, weshalb der junge Mann überhaupt so aufgebracht ist. Dem Burschen selbst, der es gewagt hat, gegen ihn, den Führer, aufzubegehren,

Cipollas zweiter Triumph über den Fischerburschen

nähert er sich nun tatsächlich wie ein Dompteur einer wild gewordenen Raubkatze. Während er seine suggestiven Worte an sein Opfer richtet, „schienen seine Augen, in die des jungen Menschen getaucht, über ihren Tränensäcken zugleich welk und brennend zu werden, – es waren sehr sonderbare Augen, und man verstand, dass sein Partner nicht nur aus Mannesstolz die seinen nicht von ihnen lösen

Erneuter Triumph über den Fischerburschen

mochte" (S. 59). Erneut fällt das Augenmotiv auf. Wie in etlichen anderen Szenen zwingt Cipolla auch in dieser Episode allein durch seinen Blick einem anderen Menschen seinen Willen auf. Das Auge lässt sich hier als ‚Tor zum Inneren, zur Seele' interpretieren. Dem Hypnotiseur gelingt es gleichsam, in dieses Innere einzudringen und es letztlich unter seine Kontrolle zu bringen. Er suggeriert dem Jungen, unter einer Magenkolik zu leiden. Und wirklich: Schon nach kurzer Gegenwehr gibt sich der Bursche geschlagen und krümmt sich vor Schmerzen. In diesem Moment, in dem er – der selbsternannte Anwalt des kleinen Badeorts Torre – zu Boden geht, hat Cipolla auch einen Sieg über sein Publikum errungen.

Fortführung des Rechenspiels (S. 61–66)

Der verblüffende Zahlentrick

Eine neue Zigarette angezündet, nimmt Cipolla das Rechenspiel wieder auf und führt es nun ohne weitere Unterbrechung zu Ende. Während ihm die Zuschauer verschiedene mehrstellige Zahlen zurufen, die an der Tafel mitgeschrieben werden, schweift er mit langen Ausführungen und Kommentaren immer wieder ab, um sein Publikum zu unterhalten. Auch jetzt zeigt er sich überaus redegewandt, macht aber wiederum keinen Hehl aus seiner politischen Gesinnung: „Einige nannten Zahlen, die große Jahre aus der italienischen Geschichte bezeichneten. Cipolla erfasste sie sofort und knüpfte im Weitergehen patriotische Betrachtungen daran." (S. 62) Nachdem Cipolla schließlich einige Zahlen an die Tafel geschrieben hat, bittet er das Publikum, sie zu addieren. Danach lüftet er seine anfangs durch das Papier verdeckte Zahl – sie entspricht exakt dem errechneten Ergebnis, „einer Million sich nähernd" (S. 63). Das Teuflische an Cipollas Handeln wird in diesem Rechenspiel besonders greifbar: Bewegt er sich hierbei scheinbar auf dem rationalen und klar geregelten Feld der Mathematik, so basiert seine Leistung doch in Wirklichkeit auf dem genauen Gegenteil von Vernunft und Ordnung: auf der unbewussten Beeinflussung des Publikums.

Im Gegensatz zu seinen Kindern und den anderen Zuschauern, die vom Ausgang des Zahlentricks begeistert sind, zeigt sich der Erzähler als sorgenvoller Beobachter. Er ist sich bewusst, dass das Kunststück weniger mit Zauberei oder Geschicklichkeit als vielmehr mit bedenklicher Suggestionskraft zu tun hat – „und dass dies gar nichts für Kinder war" (S. 64). Sein Unbehagen entsteht auch im Hinblick auf Cipollas Patriotismus und überhebliches Auftreten: „[D]ie Landsleute des Cavaliere mochten sich bei alldem harmlos in ihrem Elemente fühlen und zu Späßen aufgelegt bleiben; den von außen Kommenden mutete die Mischung beklemmend an." (S. 64) Aber auch das übrige Publikum steht dem Zauberkünstler zwiespältig gegenüber: Einerseits bewundert es ihn zwar aufgrund seiner Fähigkeiten, andererseits aber zeigt es doch auch eine „gewisse Abneigung und Aufsässigkeit" (S. 66), wie der Erzähler zu erkennen glaubt. Diese Ambivalenz, die Cipolla bei seinen Mitmenschen hervorruft, ist symptomatisch für seinen Charakter: Aufgrund seiner körperlichen Entstellung und der arrogant-abweisenden Haltung – vermutlich eine Folge aus der Missbildung – hat er in seinem Leben wahrscheinlich wenig Zuneigung und Liebe aus seiner Umwelt erfahren. Dieses Defizit versucht er nun, durch seine verblüffenden Fähigkeiten und die dadurch erzielte Anerkennung durch sein Publikum zu kompensieren.

Ambivalente Einstellung gegenüber Cipolla

Der weitere Verlauf der ersten Hälfte (S. 66–76)

Im Folgenden wendet sich Cipolla anderen Kunststücken zu. Zunächst verblüfft er sein Publikum mit diversen Kartentricks, danach mit Gesellschaftsspielen, „die auf über- oder untervernünftigen Fähigkeiten der menschlichen Natur, auf Intuition und ‚magnetischer' Übertragung […] beruhen" (S. 69). In dieser Phase der Veranstaltung wird

Weitere Kunststücke: Cipolla als Hypnotiseur

Cipollas eigentliche Stärke immer deutlicher. Wusste der Erzähler anfangs noch nicht, was ihn und seine Familie im Saal erwarten würde, so ist ihm nun klar, dass es sich bei dem Zauberkünstler auch und vor allem um einen begabten Hypnotiseur, bei den meisten der Programmpunkte um Hypnosekunststücke handelt. Letztlich geht es Cipolla insbesondere darum, den anderen seinen Willen aufzuzwingen. Im Dialog mit einem Zuschauer, der bei einem Kartentrick unbedingt autonom und frei entscheiden möchte, spricht er die Willensthematik direkt an: „Die Freiheit existiert, und auch der Wille existiert; aber die Willensfreiheit existiert nicht, denn ein Wille, der sich auf seine Freiheit richtet, stößt ins Leere." (S. 67) Dieser komplizierte und verwirrende Satz lässt sich besser vor dem Hintergrund einer philosophischen Debatte verstehen, die insbesondere im 19. Jahrhundert – etwa im Umkreis des Philosophen Arthur Schopenhauer – geführt wurde und um die Frage kreiste, ob das menschliche Handeln einem freien Willen unterliegt oder vorherbestimmt ist. Das Scharfsinnige und Originelle an Cipollas Gedanken ist, dass er beide Seiten der ‚Willensfreiheit' – ‚Freiheit' und ‚Willen' – voneinander trennt und betont, dass der Wille des Menschen ins Leere läuft, sobald er auf seine eigene Freiheit zielt, also keinem konkreten Inhalt mehr folgt. Letztlich ist der Mensch somit in seinen Entscheidungen doch nicht frei, so sehr er es sich auch einbilden mag.

Cipollas Rede über das symbiotische Verhältnis zwischen Führer und Volk Als Cipolla schließlich in einem anderen Spiel Gegenstände zu finden versucht, die in den Zuschauerreihen versteckt sind, scheinen sich die Rollen eine Zeit lang zu vertauschen. Nun ist er der vom Publikum Geführte, wird zum willenlosen Medium, das sich vom „stummen in der Luft liegenden Gemeinschaftswillen" (S. 71) leiten lässt. In seinen Ausführungen weist er ausdrücklich auf dieses wechselseitige Verhältnis hin: „Befehlen und Gehorchen, sie bildeten zusammen nur ein Prinzip, eine unauflösliche Einheit; wer zu gehorchen wisse, der wisse auch zu befehlen, und ebenso umgekehrt; der eine Gedanke sei in dem anderen einbegriffen, wie Volk und Führer ineinander einbegriffen seien, aber die Leistung, die äußerst strenge und aufreibende Leistung, sei jedenfalls seine, des Führers und Veranstalters, in welchem der Wille Gehorsam, der Gehorsam Wille werde, dessen Person die Geburtsstätte beider sei" (S. 71). An keiner anderen Stelle wird der politische Gehalt der Novelle so deutlich wie hier. Fast zwangsläufig drängen sich bei Cipollas pathetischen Ausführungen Assoziationen an Mussolini oder Hitler auf, sahen sich doch auch diese ‚Führer' – so behaupteten sie jedenfalls in zahllosen Reden – als willige Werkzeuge und erste Diener ihres Volkes.

Am Ende der ersten Hälfte der Veranstaltung zeigt Cipolla auch hellseherische Fähigkeiten. Er nennt Details aus dem Leben von Signora Angiolieri, der Wirtin der Familie des Erzählers, die er eigentlich gar nicht kennen kann. Sich allmählich an die Wahrheit herantastend, erklärt er schließlich zur Verblüffung aller, dass sie einst mit der bekannten italienischen Schauspielerin Eleonora Duse befreundet gewesen sei. Die Zuschauer, von denen die meisten die ruhmvolle Vergangenheit der jungen Frau kennen, zeigen sich erneut begeistert. „Der Applaus glich einer nationalen Kundgebung." (S. 75) Im Gegensatz zu den anderen bleibt der Erzähler skeptisch und überlegt, inwiefern Cipollas ‚Wahrsagerei' auch rational zu erklären ist: „Es fragte sich nur, wie viel er selbst davon gewusst, beim ersten berufsmäßigen Umhorchen nach seiner Ankunft in Torre davon in Erfahrung gebracht haben mochte ..." (S. 75) Doch auch er ist sich nicht sicher und meint einschränkend: „Aber ich habe gar keinen Grund, Fähigkeiten, die ihm vor unseren Augen zum Verhängnis wurden, rationalistisch zu verdächtigen ..." (S. 75) Wieder erzeugt der Erzähler Spannung, indem er auf das dramatische Ende hindeutet, ohne Konkretes zu verraten.

Cipollas hellsichtige Fähigkeiten gegenüber Signora Angiolieri

In der Pause (S. 76–79)

Reflexionen des Erzählers über die Gründe, in der Veranstaltung zu bleiben

Wie der erste Teil der Novelle wird auch der zweite Teil durch Reflexionen des Erzählers abgeschlossen. Hatte er kurz zuvor noch Rechenschaft darüber abgelegt, weshalb er mit seiner Familie trotz der ärgerlichen Ereignisse im Hotel und am Strand nicht aus Torre abgereist ist, so fragt er sich nun im Rückblick, warum er Cipollas Veranstaltung während der Pause nicht verlassen hat, obwohl seine Kinder vor Müdigkeit sogar kurzzeitig eingeschlafen waren. „Zu entschuldigen ist es nicht, dass wir blieben, und es zu erklären fast ebenso schwer." (S. 77) Trotzdem bemüht sich der Erzähler um eine Begründung – wenn nicht Rechtfertigung – seines Verhaltens. Dabei wird ihm selbst die Parallele zwischen der vorangegangenen Situation im Ort und der jetzigen Situation im Saal bewusst: „Es ging hier geradeso merkwürdig und spannend, geradeso unbehaglich, kränkend und bedrückend zu wie in Torre überhaupt, ja, mehr als geradeso: dieser Saal bildete den Sammelpunkt aller Merkwürdigkeit, Nichtgeheuerlichkeit und Gespanntheit, womit uns die Atmosphäre des Aufenthaltes geladen schien" (S. 78). Gerade weil der Erzähler einen Zusammenhang zwischen den Ereignissen in Torre und der Zauberveranstaltung erkennt, hält er es für nicht angebracht, zu gehen: „da wir im Großen nicht ‚abgereist' waren, wäre es unlogisch gewesen, es sozusagen im Kleinen zu tun" (S. 78 f.). Als Grund für sein Bleiben gibt er also an, konsequent handeln zu wollen.

Der heimliche Grund, nicht zu gehen

In Wirklichkeit aber dürfte der eigentliche Grund der gleiche wie zuvor am Strand sein. Seine heimliche Faszination für Cipolla hält ihn fest. Obwohl ihn seine Vernunft – gerade im Blick auf die Kinder – zum Gehen auffordert, bleibt er wie gebannt in der Veranstaltung, um die kommenden Geschehnisse auf der Bühne mitzuerleben. Erneut zeigt der Erzähler mithin eine bedenkliche Neugier, wenn nicht Sensationsgier. Fast scheint es, als ahnte er bereits die Katastrophe am Ende.

3. Die zweite Hälfte der Veranstaltung

Fortführung des Programms (S. 79–84)

In der zweiten Hälfte der Zaubershow treten die hypnotischen Kunststücke ins Zentrum. Selbst der Erzähler muss
anerkennend feststellen, dass Cipolla „der stärkste Hypnotiseur" (S. 80) sei, den er jemals kennengelernt habe. „In
einer langwierigen Serie komischer, aufregender, erstaunli-
cher Versuche, die um Mitternacht noch in vollem Gange
waren, bekam man vom Unscheinbaren bis zum Ungeheu-
erlichen alles zu sehen, was dies natürlich-unheimliche Feld
an Phänomenen zu bieten hat, und den grotesken Einzel-
heiten folgte ein lachendes, kopfschüttelndes, sich aufs
Knie schlagendes, applaudierendes Publikum, das deutlich
im Bann einer Persönlichkeit von strenger Selbstsicherheit
stand" (S. 80f.). Wieder fallen dem Erzähler die beiden
Dinge auf, die Cipolla für seinen Erfolg am nötigsten
braucht: einerseits den Kognak, mit dem er sich immer
wieder stärkt; anderseits die Reitpeitsche – „dies beleidi-
gende Symbol seiner Herrschaft" (S. 81) –, mit der er seine
Zuschauer zu den ungewöhnlichsten Verhaltensweisen
animiert. So erinnert sich der Erzähler im Rückblick an die
Hypnose eines jungen Mannes, der zu einem Brett erstarrt,
an die Suggestion einer älteren Dame, die sich in Trance
eine Reise nach Indien vorstellt, und an das Kunststück mit
einem Soldaten, der seinen Arm auf Cipollas Befehl nicht
mehr heben kann.

Weitere Hypnosekunststücke

Erneutes Kunststück mit Frau Angiolieri (S. 84–87)

Besonders gut im Gedächtnis behalten hat der Erzähler ein
weiteres Kunststück mit Frau Angiolieri, bei dem Cipolla sie
„durch pure Behexung" (S. 84) zwingt, von ihrem Platz auf-
zustehen und ihm wie unter einem Zauberbann zu folgen.
Gleichzeitig fordert der Hypnotiseur Herrn Angiolieri auf,
seine Frau durch Zurufe am Weggehen zu hindern, „gleich-

Signora Angiolieri im Bann des Zauberers

sam um das Gewicht seines Daseins und seiner Rechte in die Waagschale zu werfen und mit der Stimme des Gatten alles in der Seele der Gefährtin wachzurufen, was ihre Tugend gegen bösen Zauber zu schützen vermochte" (S. 84f.). Doch wie zu erwarten, sind alle Zurufe des Ehemanns vergeblich: Einer Schlafwandlerin gleich folgt die junge Frau dem Gaukler willenlos durch den ganzen Saal. „Der Eindruck war zwingend und vollkommen, dass sie ihrem Meister, wenn dieser gewollt hätte, so bis ans Ende der Welt gefolgt wäre." (S. 86) Nachdem Cipollas erneuter Triumph offensichtlich geworden ist, weckt er Frau Angiolieri aus der Trance und führt sie zu ihrem Gatten zurück, wobei er diesen mit scheinbar ritterlichen, in Wirklichkeit aber spöttischen Mahnungen, künftig besser auf seine Gemahlin achtzugeben, vor dem Publikum lächerlich macht.

Überschreitung der Grenzen von Privatsphäre und Intimität

Dieses Kunststück zeigt, dass Cipolla auch nicht davor zurückschreckt, die Grenzen der Privatsphäre und Intimität seiner Zuschauer zu überschreiten. Es ist anzunehmen, dass sich der Ehemann bereits beim Rufen des Vornamens seiner Frau, der vielen der Zuschauer gar nicht bekannt ist, nicht wohlfühlt. Um wie viel schlechter muss er sich fühlen, nachdem ihm der unangenehme Zauberkünstler seine eigene Frau zur allgemeinen Belustigung ‚entführt' und schließlich mit überheblich-gönnerhafter Geste wieder zurückbringt. Seine Männlichkeit wird gleichsam in aller Öffentlichkeit infrage gestellt, er wird zum Gespött der anderen. „Der arme Herr Angiolieri, still und kahl!" (S. 87), konstatiert auch der Erzähler. „Er sah nicht

Cipolla und Frau Angiolieri

aus, als ob er sein Glück auch nur gegen minder dämonische Mächte zu schützen gewusst hätte, als diejenigen waren, die hier zum Schrecken auch noch den Hohn fügten." (S. 87) Das öffentliche Eindringen in die Intimsphäre seines Gegenübers, das Cipolla hier demonstriert, gibt bereits einen Vorgeschmack auf die grausame Indiskretion, die er wenig später am Kellner Mario begehen wird.

Das Publikum wird zur ekstatischen Masse (S. 87–93)

Nach dem Erfolg über Frau und Herrn Angiolieri hat Cipolla den Widerstand des überwiegenden Teils seines Publikums gebrochen, die meisten Zuschauer ordnen sich nun seinem Willen unter. Der Zauberkünstler lässt sie nach seiner Peitsche tanzen: „Das ist ganz wörtlich zu verstehen, und es brachte eine gewisse Ausartung, ein gewisses spätnächtliches Drunter und Drüber der Gemüter, eine trunkene Auflösung der kritischen Widerstände mit sich, die so lange dem Wirken des unangenehmen Mannes entgegengestanden waren." (S. 87) Als hätten die Zuschauer nur darauf gewartet, sich von den Fesseln der Erziehung und Vernunft zu befreien, gehen sie nun einer nach dem anderen nach vorne, um sich wie irregeworden in den wildesten Verrenkungen zu bewegen.

Hemmungslose Tanzorgie

Cipollas vollkommenem Triumph über sein Publikum steht nun nur noch ein Zuschauer entgegen: ein Mann aus Rom, der verkündet, standhaft zu bleiben und sich vom Hypnotiseur nicht zum Tanzen animieren zu lassen. Mit großer Entschlossenheit kämpft der Römer, aufrecht und reglos im Mittelgang stehend, gegen die fremde Willenskraft an. „Niemand verkannte, dass hier ein vorgefasster Entschluss zum entschiedenen Widerstande, eine heroische Hartnäckigkeit zu besiegen waren; dieser Brave wollte die Ehre des Menschengeschlechtes heraushauen" (S. 90). Doch es ist nur eine Frage der Zeit, bis auch er die

Cipollas Sieg über den willensstarken Mann aus Rom

ersten „Anzeichen einer zuckenden Versuchung" (S. 90) macht, die immer stärker werdenden Zuckungen bald nicht mehr unterdrücken kann und kapituliert, um schließlich völlig im Tanzen aufzugehen. Unter allgemeinem Applaus führt Cipolla den Mann auf die Bühne, „um ihn den anderen Hampelmännern anzureihen" (S. 92). Nach seiner Niederlage scheint der Römer, der nun breit lächelnd mit den anderen tanzt, glücklicher und zufriedener zu sein als zuvor. Das Paradoxe – und Perfide – an Cipollas Methode wird hier besonders eindrucksvoll deutlich: Die Herrschaft, unter die er seine Opfer stellt, wird als wohltuende Befreiung empfunden. Der Hampelmann fühlt sich offenbar besser als der stolze Widerstandskämpfer.

Führer Cipolla und seine Masse

Mit dem Sieg über den Römer hat der Hypnotiseur den Zenit seiner Macht erreicht: „Mit ihm war das Eis gebrochen, Cipollas Triumph auf seiner Höhe; der Stab der Kirke [Zauberin aus der griechischen Mythologie], diese pfeifende Ledergerte mit Klauengriff, herrschte unumschränkt." (S. 92) Viele Zuschauer zappeln nun auf der Bühne oder in den Mittelgängen des Saales, scheinen im orgiastischen Tanz alle Hemmungen abzulegen. Die letzte Gegenwehr durch Vernunft und Verstand scheint gebrochen, Cipollas Wille allmächtig zu sein. Betrachtet man den Verlauf der Veranstaltung, so wird deutlich, dass sich die Spannung von den ersten, noch recht harmlos wirkenden Zauberkunststücken bis hin zu den immer spektakuläreren Hypnoseerfolgen Schritt für Schritt steigert, um schließlich in der Massenszene der „Tanzorgie" (S. 88) zu kulminieren. „Cipolla unterdessen saß in lässiger Haltung auf einem Strohstuhl links auf dem Podium, verschlang den Rauch einer Zigarette und ließ ihn durch seine hässlichen Zähne arrogant wieder ausströmen. Fußwippend und zuweilen mit den Schultern lachend blickte er in die Gelöstheit des Saales und ließ von Zeit zu Zeit, halb rückwärts, die Peitsche gegen einen Zappler pfeifen, der im Vergnügen nachlassen wollte." (S. 93) Das Publikum, anfangs eine heterogene Ansammlung einzelner Individuen, hat sich mittlerweile in eine homogene, emotionale Masse verwandelt, dem Willen eines Einzelnen machtlos ausgeliefert. Besonders in dieser Szene wird die immense Gefahr deutlich, die von charismatischen Männern wie Cipolla ausgeht – von Führertypen, die im Stande sind, ganze Nationen ins Verderben zu reißen.

Reflexionen des Erzählers (S. 93–94)

Auch den dritten Teil der Novelle beschließen die Reflexionen des Erzählers. Erneut kreisen seine Gedanken um seine Kinder und um die Frage, weshalb er sie nicht schon längst zurück in die Pension gebracht hat. „Hier war nicht gut sein, für sie am wenigsten, und dass wir sie immer noch nicht fortgeschafft hatten, kann ich mir nur mit einer gewissen Ansteckung durch die allgemeine Fahrlässigkeit erklären, von der zu dieser Nachtstunde auch wir ergriffen waren." (S. 93) Seine Gewissensbisse versucht er durch den Hinweis darauf zu beruhigen, dass sich die Kinder in ihrer „Unschuld" großartig vergnügen – „gottlob fehlte ihnen der Sinn für das Anrüchige dieser Abendunterhaltung" (S. 93). Diese naive Einstellung werden sie bis zur Katastrophe am Ende behalten.

Die Vorwürfe des Erzählers und seine Beruhigungsversuche

4. Das Ende mit Schrecken

Cipolla winkt Mario auf die Bühne (S. 94–97)

Wie alle Hauptteile der Novelle beginnt auch der vierte und letzte Teil ruhiger, das Erzähltempo wird zunächst langsamer. Noch während der Tanzorgie winkt Cipolla den Kellner Mario mit seinem Zeigefinger auf die Bühne, offensichtlich um zum nächsten Programmpunkt überzuleiten. Dabei hat der junge Italiener das Schauspiel bislang – „mit ver-

Cipollas neues Opfer

schränkten Armen oder die Hände in den Taschen seiner Jacke" an einem Pfeiler gelehnt – passiv und „ohne viel Heiterkeit" (S. 94) beobachtet. Dem Befehl Cipollas folgt er nur zögernd, immerhin aber bahnt er sich schließlich einen Weg durchs Publikum nach vorne.

Cipolla und Mario

„Das lag schon in seinem Beruf; und außerdem war es wohl eine seelische Unmöglichkeit, dass ein schlichter Bursche wie er dem Zeichen eines so im Erfolg thronenden Mannes, wie Cipolla es zu dieser Stunde war, hätte den Gehorsam verweigern sollen." (S. 95) Angesichts seiner Machtgier ist zu vermuten, dass der Hypnotiseur den Kellner ganz bewusst als nächste Versuchsperson ausgesucht hat. In seiner ablehnenden Körperhaltung, in der er das Spektakel um ihn herum verfolgt hatte, musste Mario für Cipolla ein ‚Dorn im Auge' gewesen sein. Würde Cipolla nun auch den Willen dieses Zuschauers kontrollieren, so hätte er die absolute Macht über sein Publikum erlangt. Ein weiterer Grund, weshalb er sich gerade für den traurigen, von der Liebe enttäuschten Burschen entscheidet, mag die heimliche Seelenverwandtschaft zwischen ihnen sein, die im späteren Hypnoseexperiment noch zum Vorschein kommen wird.

Der Erzähler als aufmerksamer Beobachter

Zunächst aber erweist sich der Erzähler erneut als guter und aufmerksamer Beobachter. So detailliert wie zuvor nur den Zauberer beschreibt er nun den Kellner, den die Familie bereits in einem Café in Torre kennen- und schätzen gelernt hat. „Stellen Sie ihn sich vor als einen untersetzt gebauten Jungen von zwanzig Jahren mit kurzgeschore-

nem Haar, niedriger Stirn und zu schweren Lidern über
Augen, deren Farbe ein unbestimmtes Grau mit grünen
und gelben Einschlägen war." (S. 95) Darüber hinaus fallen
dem Erzähler das schwermütige Gesicht und die feinen
Hände von Mario auf. Außerdem trägt der junge Mann an
diesem Abend einen Anzug, anstelle eines Hemdkragens
hat er ein auffälliges Tuch um den Hals gebunden. Marios
Charakter ist schwer zu fassen, bleibt seltsam undurchsichtig. Der junge Mann scheint sehr darauf bedacht, anderen
Menschen keinen Einblick in sein Inneres zu geben. Er wirkt
zurückhaltend und distanziert. Schon die verschränkten
Arme, mit denen er Cipollas Veranstaltung folgt, weisen
auf diesen abwehrenden Zug hin. Durch seine gesamte
Haltung erweckt er den Eindruck, dass er etwas zu verbergen hat.

Das Hypnosekunststück mit Mario (S. 97–105)

Gleich nachdem Mario auf die Bühne getreten ist, wird das
Machtgefälle zwischen ihm und Cipolla deutlich. Der Hypnotiseur „musterte ihn lässig, herrscherlich und heiter von
oben bis unten" (S. 97) und gibt schon dadurch seine
Überlegenheit zu erkennen. Durch die vorausgehenden Erfolge über sein Publikum und wohl auch dank des konsu-
mierten Alkohols immer selbstsicherer geworden, zeigt Cipolla nun „etwas Sattes und Paschahaftes, etwas von Räke-
lei und Übermut" (S. 98), dem der junge, einfache Mann
nichts entgegenzusetzen weiß. So ordnet sich Mario dem
Hypnotiseur im sogleich einsetzenden Gespräch auch unter und antwortet auf dessen Fragen nur leise und in kurzen, häufig elliptischen Sätzen (z. B. „Mario heiße ich"
[S. 98], „In einem Café" [S. 99]), manchmal auch nur mit
Achselzucken oder unbestimmten Bewegungen. Ganz offensichtlich fühlt er sich auf der Bühne nicht wohl. Cipolla
hingegen läuft noch einmal zur Höchstform auf. Den Namen des Kellners nimmt er zum Anlass für eine weitere

Das Gespräch
zwischen Cipolla
und Mario

patriotische Äußerung, der ein ‚römischer', von den Faschisten gebrauchter Gruß folgt. Und in der anschließenden Befragung Marios nähert er sich durch List und Menschenkenntnis, aber auch durch Hilfe aus dem Publikum Schritt für Schritt dessen Geheimnis, dem Grund seiner Traurigkeit: Mario leidet unter Liebeskummer, er ist unglücklich in eine Frau namens Silvestra verliebt. Cipollas Ziel ist es, dieses Geheimnis seiner neuen Versuchsperson zu entlocken, gleichsam in deren intimsten Bereich vorzudringen, um damit Kontrolle über sie zu erlangen. Erst durch Cipollas Zudringlichkeiten wird deutlich, dass sich hinter Marios Fassade der professionellen Höflichkeit noch ganz andere Charakterzüge verstecken. Nun kommt zum Vorschein, dass er ein einsamer und trauriger Mensch ist, der sich nicht liebenswert fühlt. Möglicherweise hat Mario bislang nicht einmal den Mut gefunden, die ersehnte Silvestra überhaupt anzusprechen und ihr seine Gefühle zu gestehen, weil er sich vor ihrer Zurückweisung fürchtet. Und auch anderen Menschen gegenüber scheint er sich klein und unbedeutend zu fühlen.

Seelenverwandtschaft zwischen den beiden Figuren
Bei aller Unterschiedlichkeit zwischen den beiden, die vom Alter über das Aussehen bis hin zur gezeigten Selbstsicherheit reicht, gleichen sich Mario und Cipolla jedoch auch. Mit einigem Recht könnte man sie sogar als seelenverwandt bezeichnen. Denn eine ähnliche Traurigkeit wie Mario scheint auch der Hypnotiseur zu empfinden. Schon in seinem vorangegangenen Spott gegen den jungen Fischerburschen aus dem Publikum ist erahnbar geworden, dass er aufgrund seiner körperlichen Entstellung zum Außenseiter geworden ist, der keinen Erfolg bei den Frauen hat. Im Gespräch mit Mario wird seine Einsamkeit noch deutlicher. Wenn er sich schließlich in die Perspektive des unglücklich Verliebten versetzt – „[d]as Herz steht einem still, wenn man sie gehen, atmen, lachen sieht, so reizend ist sie" (S. 102) –, dann hat es fast den Anschein, als sprä-

che Cipolla auch über seine eigenen unerfüllten Sehnsüchte. Und wenig später erklärt er seinem Gegenüber: „Du wirst meinen, was versteht der Cipolla von der Liebe, er mit seinem kleinen Leibesschaden? Irrtum, er versteht gar viel davon, er versteht sich auf eine umfassende und eindringliche Weise auf sie" (S. 103). So sind Cipolla und Mario letztlich wesens- und gemütsverwandte Menschen, allerdings mit dem entscheidenden Unterschied, dass der Hypnotiseur seine Einsamkeit durch die Kontrolle anderer Menschen zu kompensieren versucht. Mario hingegen verbirgt seine Einsamkeit hinter einer vordergründigen Freundlichkeit und Dienstfertigkeit nach außen. Mit seiner Höflichkeit scheint er die Ablehnung durch andere Menschen vermeiden zu wollen – würde diese ihm doch das Gefühl, nicht liebenswert zu sein, schmerzvoll bestätigen.

Es ist kein Zufall, dass Mario in dem Augenblick in Trance fällt, als Cipolla seine Sehnsüchte nach Silvestra in Worte fasst. Der unglücklich Verliebte muss sich dadurch in seiner Melancholie endlich verstanden fühlen und gibt sich daher den Einflüsterungen des Zauberers bereitwillig hin: „Mario starrte ihn mit vorgeschobenem Kopfe an. Er schien seine Lage und das Publikum vergessen zu haben. Die roten Flecken um seine Augen hatten sich vergrößert und wirkten wie aufgemalt." (S. 102f.) Der junge Mann ist bald so tief hypnotisiert, dass er Cipolla sogar glaubt, als sich dieser als Silvestra ausgibt. Die Suggestion ist perfekt, in tiefer Glückseligkeit haucht Mario den Namen der lang ersehnten Frau. Während das Publikum dem Schauspiel auf der Bühne gebannt folgt, erkennt der Erzähler das hier begangene Unrecht: „Es wird mir schwer, es zu sagen, wie es mir schwer wurde, es zu sehen, denn das war eine Preisgabe des Innigsten, die öffentliche Ausstellung verzagter und wahnhaft beseligter Leidenschaft." (S. 104)

Die Hypnose Marios

Der Kuss und die tödlichen Schüsse (S. 105–107)

Höhe- und
Wendepunkt

Doch Cipolla geht in seinem bösen Spiel noch weiter. Immer noch in der Rolle Silvestras, fordert er den hypnotisierten Mario zu einem Kuss auf. Ohne zu zögern, folgt dieser der Aufforderung. Er neigt sich nach vorne und küsst den Älteren auf die Wange dicht neben dem Mund. Mit dieser Szene hat die Handlung ihren vorläufigen Höhepunkt, Cipolla den Zenit seiner Macht erreicht. Nach einer Weile atemloser Stille, die nur durch vereinzeltes Gelächter aus dem Publikum unterbrochen wird, weckt er Mario schließlich aus der Trance und nimmt den Applaus des Saals entgegen. Mario aber, der erst jetzt erkennt, dass ihm übel mitgespielt worden ist, hastet verstört von der Bühne. Unten angelangt, dreht er sich um, zieht eine Pistole und schießt zweimal auf Cipolla. Diese extreme Reaktion lässt vermuten, dass sich in ihm seit Langem Aggressionen angestaut haben, die er hinter der Maske des stets höflichen Kellners verborgen gehalten hat. Durch Cipollas Demütigung drängen sie nun zum Ausbruch. Als Mann von einfacher Herkunft nicht in der Lage, seinen Ärger im Streit mit Worten zu artikulieren und auszuleben, greift er zur rohen Gewalt. Er rächt sich bitterlich für alle Enttäuschungen und Verletzungen, die ihm Cipolla – und wohl auch

„Ein Ende mit Schrecken"

viele andere Menschen zuvor – angetan haben. Cipolla schreit überrascht auf, fällt dann zu Boden und bleibt reglos liegen. Urplötzlich, im Laufe weniger Sekunden, hat die Handlung ihren Wendepunkt erreicht, Täter und Opfer haben die Seiten gewechselt. Cipolla, der soeben noch mächtigste Mann im Saal, hat nun alles verloren – ist tot.

Ausklang (S. 107)

Wie alle Teile der Novelle klingt auch dieser letzte Teil mit Beschreibungen und Reflexionen des Erzählers aus. Er berichtet vom ausbrechenden Chaos im Saal: Die Zuschauer schreien wild durcheinander, man ruft nach der Polizei und nach einem Arzt. Einige stürzen sich auf Mario, um ihn zu entwaffnen. In diesem allgemeinen Tumult verlässt der Erzähler mit seiner Familie den Ort. Die Kinder erkennen die Tragik der Vorfälle nicht, sondern glauben, die Schüsse und das plötzliche Ende gehörten zum Veranstaltungsprogramm. Dementsprechend ruhig bleiben sie. Doch auch der Erzähler selbst ist durch die dramatischen Ereignisse nicht nur geschockt. Bei allem empfundenen Schrecken sieht er in Cipollas Tod doch auch ein „befreiendes Ende" (S. 107). Auch im Rückblick hat sich diese Haltung nicht geändert. So wird noch einmal deutlich, für wie bedrohlich der Erzähler den Hypnotiseur Cipolla gehalten hat. Ohne es sich bewusst eingestanden zu haben, hatte er insgeheim Angst vor ihm und seinen Fähigkeiten. Diese Angst ist nun – mit Cipollas Tod – einem Gefühl der Erleichterung gewichen.

Fatales, aber auch befreiendes Ende

Hintergründe

Der historische Kontext

Warnung vor Faschismus und Nationalismus

Thomas Mann hat die Novelle „Mario und der Zauberer" 1929, also nur vier Jahre vor der ‚Machtergreifung' Hitlers, geschrieben. Autobiografischer Hintergrund sind die 1926 gemachten Erlebnisse in Italien, das zu dieser Zeit bereits von Benito Mussolini beherrscht wurde. So lässt sich die 1930 erschienene Novelle auch – und vor allem – als Warnung vor Faschismus und Nationalismus lesen.

Hoffnungs- und Orientierungslosigkeit in Europa nach dem Ersten Weltkrieg

In den 1920er-Jahren herrschte in den Ländern Europas, das noch unter dem Schock des gerade zu Ende gegangenen Ersten Weltkriegs (1914–1918) stand, große Hoffnungslosigkeit. Die Stimmung war geprägt von Armut, Massenarbeitslosigkeit und sozialen Unruhen. Der Krieg, der zur Auflösung großer Reiche wie Österreich-Ungarn oder des Osmanischen Reichs geführt hatte, hinterließ ein riesiges Macht- und Sinnvakuum, das in vielen Ländern

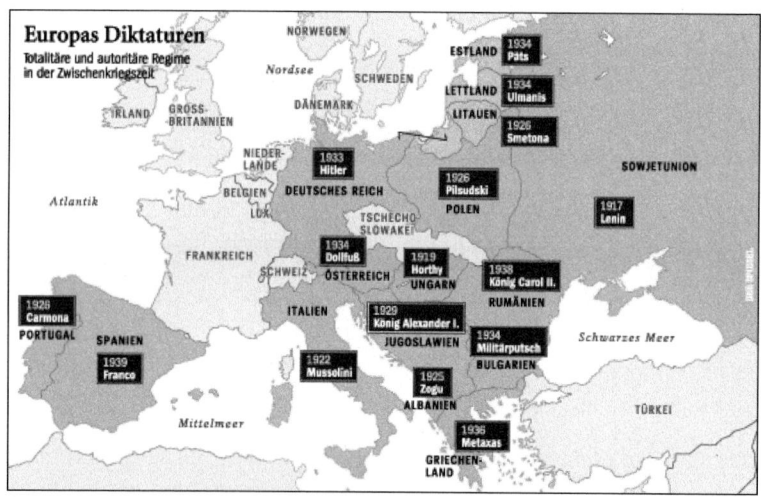

Europa im Griff der Diktatoren

durch Diktaturen gefüllt wurde. Im allgemeinen Klima der Orientierungslosigkeit war der Ruf nach nationalistischen Herrschern, die das Volk aus der Sinnkrise führen können, besonders laut.

Das Geburtsland des Faschismus ist Italien. Benito Mussolini wandelte die nach dem Ersten Weltkrieg gegründeten Kampfbünde 1921 in eine politische Partei um, an deren Spitze er als ‚Duce' (Führer) stand. Sein erklärtes Ziel war die Wiederherstellung von Ordnung und Macht des alten Roms. Um dies zu erreichen, terrorisierten seine ‚Schwarzhemden' das Land durch Gewalt gegen Andersdenkende, etwa Sozialisten und Gewerkschaften. Nachdem Mussolini 1922 mit seiner Gefolgschaft nach Rom marschiert war, um eine Revolution einzuleiten, wurde er mit der Bildung der Regierung beauftragt. In den folgenden Jahren wurden unter seiner politischen Führung die Grundrechte zunehmend eingeschränkt, oppositionelle Kräfte bekämpft und verboten, bis die faschistische Partei 1928 schließlich allein herrschte. Mussolini war zum Diktator geworden, Italien zu einem totalitären Staat.

Italien unter dem Faschisten Benito Mussolini

Der ‚Duce' Benito Mussolini an der Spitze der Faschisten

Deutschland in den Jahren vor der ‚Machtergreifung' Hitlers

In Deutschland kam der Faschismus in Gestalt Adolf Hitlers zwar erst fünf Jahre später, also 1933, an die Macht. Doch die Stimmung in der Weimarer Republik und in Italien der 1920er-Jahre war in vielen Dingen sehr ähnlich. Auch in Deutschland war das gesellschaftliche Klima nach dem verlorenen Ersten Weltkrieg von Gefühlen der Angst, Frustra-

„Der Agitator", Gemälde von Conrad Felixmüller (1920)

tion, Hoffnungslosigkeit und Trauer bestimmt. Die Menschen sehnten sich nach einem Politiker, der sie aus dem materiellen wie seelischen Elend führen würde. Diese Hoffnungen projizierten viele auf Hitler, der sich in zahllosen Reden auf öffentlichen Plätzen, in Veranstaltungssälen und Bierzelten als Erlöser Deutschlands inszenierte. Dabei bewies der Demagoge ein überragendes Talent, das Publikum für sich und seine Ideen zu begeistern. Er und seine Partei, die NSDAP, wurden gegen Ende des Jahrzehnts immer populärer. Begünstigt durch die Weltwirtschaftskrise 1929, erzielten die Nationalsozialisten Anfang der 1930er-Jahre immer größere Wahlerfolge. Am 30. Januar 1933 wurde Hitler vom Reichspräsidenten Paul von Hindenburg zum Reichskanzler ernannt. In den darauf folgenden Jahren baute er seine Macht als Kanzler schrittweise zur absoluten Macht des Diktators aus, um die Welt 1939 mit dem Angriff auf Polen in den Zweiten Weltkrieg zu stürzen.

Thomas Manns Warnung vor der nationalsozialistischen Barbarei

Thomas Mann hatte lange vor Hitlers ‚Machtergreifung' die Gefahr des in Deutschland und ganz Europa aufziehenden Faschismus erkannt. Nachdem die NSDAP bei der Reichstagswahl 1930 einen gewaltigen Stimmenzuwachs errungen hatte, hielt er am 17. Oktober des gleichen Jahres seine „Deutsche Ansprache", in der er sehr eindringlich vor Hitler warnte. So deutlich wie nie zuvor bezog Mann in diesem „Appell an die Vernunft" öffentlich Stellung gegen den Nationalsozialismus und brachte ihn in Zusammenhang „mit der Riesenwelle exzentrischer Barbarei und primitiv-massendemokratischer Jahrmarktsrohheit, die über die Welt geht". Vor dieser „Jahrmarktsrohheit" hatte Mann auch mit seiner im selben Jahr erschienenen Novelle über den charismatischen Hypnotiseur Cipolla gewarnt, der sein Publikum durch reine Willenskraft in eine ekstatische Masse verwandelt.

Manns Lebensstationen

Thomas Mann kam am 6. Juni 1875 in Lübeck als zweites Kind einer wohlhabenden und angesehenen Kaufmannsfamilie zur Welt. Sein Vater Thomas Johann Heinrich war Getreidehändler, später auch Senator in der Freien Hansestadt; seine Mutter Julia war brasilianischer Herkunft. Thomas hatte vier Geschwister: den älteren Bruder Heinrich sowie die jüngeren Geschwister Julia, Carla und Viktor. Seine Schulzeit schloss er im „Katharineum", einem Lübecker Gymnasium, mit der Mittleren Reife ab.

Kindheit und Jugend

Nachdem die Familie bereits 1891 nach dem Tod des Vaters und der anschließenden Firmenauflösung nach München übergesiedelt war, folgte ihr Thomas 1894. Nach einem Volontariat bei einer Feuerversicherungsgesellschaft wurde er für einige Monate Gasthörer an der Technischen Hochschule München mit der Absicht, eine journalistische Laufbahn einzuschlagen. Doch schon in dieser Zeit hatte er vor allem literarische Ambitionen. Es entstanden die ersten Erzählungen und Novellen, die in verschiedenen Zeitschriften, etwa im „Simplicissimus" oder in der „Neuen deut-

Jahre der Orientierung und erste Erfolge als Schriftsteller

schen Rundschau", veröffentlicht wurden. Während eines zweijährigen Italienaufenthalts mit seinem Bruder Heinrich von 1896–1898 arbeitete Thomas an seinem Erstlingsroman, dem Familienepos „Buddenbrooks", das 1901 in zwei Bänden erschien. Damit war ihm der Durchbruch zum angesehenen Schriftsteller gelungen. Seinen früh einsetzenden Ruhm als großer Erzähler konnte er bereits zwei Jahre später mit der Novellensammlung „Tristan", die auch die Künstlernovelle „Tonio Kröger" enthält, untermauern und festigen.

Familienglück Zentral für seine eigene private und wirtschaftliche Existenz war die Begegnung mit Katia Pringsheim, der hochgebildeten Tochter eines Münchener Professors aus einer reichen Gelehrten- und

Katia Mann mit den Kindern Monika, Golo, Michael, Klaus, Elisabeth und Erika (v.l.n.r.)

Bankiersfamilie. Die beiden verlobten sich im Herbst 1904, die Hochzeit fand Anfang 1905 statt. Noch im selben Jahr kam die Tochter Erika zur Welt, das erste von insgesamt sechs Kindern. Thomas Mann lebte und arbeitete bis zu seinem Lebensende im bürgerlichen Rahmen, umsorgt von seiner Ehefrau, die ihm eine wichtige Stütze gerade in schwierigen Zeiten war. In den Jahren bis zum Ausbruch des Ersten Weltkriegs entstanden unter anderem der Roman „Königliche Hochzeit" (1909) und die Novelle „Der Tod in Venedig" (1912).

Gefragter Schriftsteller in der Weimarer Republik Die während des Kriegs geschriebenen und 1918 erschienenen „Betrachtungen eines Unpolitischen", in denen sich Thomas Mann zu einer patriotischen, rechtskonservativen Weltsicht bekannte, führten zum zeitweiligen Bruch mit seinem demokratisch und pazifistisch gesinnten Bruder Heinrich, einem ebenfalls angesehenen Schriftsteller. Doch schon kurz nach der Drucklegung distanzierte er sich immer stärker von seinem einstigen Denken und wurde zu einem überzeugten Befürworter der Weimarer Republik. Öffentliche Auftritte und das Erscheinen des philosophisch-zeitkritischen Romans „Der Zauberberg" (1924) machten Thomas Mann zu einer zentralen Figur des deutschen Literaturbetriebs, deren Ruhm sich auch in den zahlreichen Ehrungen widerspiegelt: So wurde ihm bereits 1918 das Ehrendoktorat der Universität Bonn verliehen, 1929 erhielt er den Nobelpreis für Literatur.

Die ‚Machtergreifung' Hitlers 1933 zwang Thomas Mann, mit seiner Familie ins Exil zu gehen. Zunächst lebte er kurze **Jahre des Exils**

Thomas Mann, 1937

Zeit in Frankreich und emigrierte danach in die Schweiz. Als ihm 1936 die deutsche Staatsbürgerschaft aberkannt wurde, wurde er tschechischer Staatsbürger, lebte aber weiterhin in der Schweiz. 1938 übersiedelte er mit der Familie in die USA, wo er eine Gastprofessur in Princeton erhielt. In den Jahren des Exils entstanden unter anderem die bereits 1926 begonnene, vier Bände umfassende Romanreihe „Joseph und seine Brüder" und der Roman „Lotte in Weimar". Verstärkt widmete er sich in dieser Zeit aber auch politischen Themen. So wandte er sich von 1942 bis zum Kriegsende 1945 mit regelmäßig ausgestrahlten Radiosendungen aus den USA – er lebte inzwischen in Kalifornien – an die deutschen Hörer, um ihnen die Augen für die Verbrechen Hitlers und dessen Gefolgschaft zu öffnen.

Lebensabend in
der Schweiz

Nach dem Zweiten Weltkrieg blieb Thomas Mann, der bereits 1944 die amerikanische Staatsbürgerschaft erhielt, zunächst in den USA. Erst 1952 kehrte er nach Europa zurück und ließ sich in der Schweiz, in Kilchberg bei Zürich, nieder. 1954 beendete er den ersten Teil des schon 1910 begonnenen Romans „Bekenntnisse des Hochstaplers Felix Krull", gleichzeitig der Schlusspunkt seines literarischen Werks. Am 12. August 1955 starb Thomas Mann im Alter von 80 Jahren. Er wurde auf dem Kilchberger Friedhof beigesetzt.

Manns Themen

Künstlertum
versus Bürgertum

Eines der zentralen Themen von Thomas Manns literarischem Schaffen, das ihn bis zu seinem Lebensende begleitet hat, ist der Gegensatz zwischen Künstlertum und Bürgertum. Als Sohn einer gesellschaftlich hoch angesehenen Kaufmannsfamilie musste er seine Berufung als Dichter selbst finden und sich gegen die Erwartungen des Vaters behaupten. Dieser Konflikt spiegelt sich bereits in seinem ersten Roman „Buddenbrooks" (1901) wider, in dem Mann ein historisches Bild einer hanseatischen Patrizierfamilie in den Jahren von 1835 bis 1877 zeichnet. Hanno Buddenbrook, einziger Vertreter der letzten Generation, ist zu kränklich und zu verträumt, um die väterliche Firma zu übernehmen. Stattdessen gibt er sich als einsamer Außenseiter der Kunst, insbesondere der Musik, hin, bis er schließlich schon in jungen Jahren an Typhus erkrankt und stirbt. Stark autobiografische Züge trägt auch die 1903 erschienene Novelle „Tonio Kröger", in der Thomas Mann die Zerrissenheit und Einsamkeit des Künstlers thematisiert. Die Titelfigur, ein hochbegabter und berühmter Schriftsteller, leidet zeit seines Lebens an der Kluft zwischen Geist und Natur, hier repräsentiert durch Literatur und Bürgerlichkeit. Sein dichterisches Schaffen drängt Tonio Kröger zwangsläufig ins gesellschaftliche Abseits.

Eng mit der Künstlerproblematik verbunden ist ein anderes zentrales Thema von Thomas Mann: die Darstellung von Verfall, Krankheit und Tod. So erzählt er in den „Buddenbrooks" vom allmählichen „Verfall einer Familie" (so auch der Untertitel des Romans) über vier Generationen hinweg. Die Novelle „Der Tod in Venedig" (1912) handelt vom einsamen Sterben des Schriftstellers Gustav von Aschenbach während seines Urlaubs in der Lagunenstadt. Wie zur Illustration seines Innenlebens erreicht die Cholera zur Zeit seines Aufenthalts den Ort und fordert zahllose Opfer. Krankheit und Tod stehen auch in dem 1924 erschienenen Roman „Der Zauberberg" im Zentrum, dessen Handlung in einem Sanatorium für Tuberkulosekranke in den Jahren vor dem Ausbruch des Ersten Weltkriegs spielt. So erzählt dieser Roman nicht nur vom körperlichen Verfall der auftretenden Figuren, sondern auch vom Niedergang und Ende einer ganzen Epoche.

Verfall, Krankheit, Tod

Gerade das Frühwerk ist geprägt von den beiden Philosophen, die Thomas Manns Denken am stärksten beeinflusst haben: von Arthur Schopenhauer (1788–1860) und dessen Schüler Friedrich Nietzsche (1844–1900). So spiegeln zahlreiche Romane und Novellen Manns die pessimistische, lebensverneinende Weltsicht Schopenhauers wider, während der Einfluss Nietzsches insbesondere in Manns ästhetizistischer Lebensauffassung und seinen tiefgehenden kultur- und gesellschaftskritischen Diagnosen deutlich wird. In diesem Zusammenhang ist auch die spätere Rezeption der Werke Sigmund Freuds (1856–1939) wichtig, eröffnete der Begründer der Psychoanalyse doch einen Blick auf die verborgenen, da unbewussten Strukturen von Mensch und Gesellschaft.

Einflüsse durch Schopenhauer, Nietzsche und Freud

Dass diese archaischen Strukturen urplötzlich zum Vorschein kommen und die sicher geglaubten Grundfesten

Weltkrieg und Barbarei

der Zivilisation erschüttern können, musste Thomas Mann mit der ‚Machtergreifung' Hitlers und dem bald darauf folgenden Ausbruch des Zweiten Weltkriegs miterleben. Angesichts der beispiellosen Verbrechen der Nationalsozialisten wurde er zum politischen Autor, der die Barbarei – zunächst in Deutschland, später aus dem Exil – mit Essays, öffentlichen Reden und Rundfunkansprachen bekämpfte. Das weltpolitische Geschehen, insbesondere die Verführbarkeit der Menschen durch irrationale Kräfte, wurde aber auch zum Thema seines literarischen Werkes: So beschreibt Mann in seiner Novelle „Mario und der Zauberer" (1930) die Beeinflussung einer Masse durch einen charismatischen Führer und erzählt in dem über zehn Jahre später entstandenen Roman „Doktor Faustus" (1947) – gleichzeitig eine Parabel über die Versuchung des deutschen Volkes durch Adolf Hitler – vom Pakt, den der Tonsetzer (Komponist) Adrian Leverkühn mit dem Teufel schließt.

Inseln in unruhigen Zeiten

In den Jahren des Terrors arbeitete Thomas Mann jedoch auch an Werken, die nichts mit den aktuellen Zeitumständen zu tun hatten, gewissermaßen literarische Inseln in unruhigen Zeiten darstellten. So handelt sein umfangreichstes Romanwerk, die von 1926 bis 1943 entstandenen vier Bände „Joseph und seine Brüder", von der alttestamentlichen Gestalt Joseph und dessen Lebensweg. Inspiriert dazu wurde er durch Johann Wolfgang von Goethe (1749–1832), der in seiner Autobiografie den Wunsch formulierte, diese biblische Geschichte ausführlich nachzuerzählen. Mit dem 1939 erschienenen Roman „Lotte in Weimar", der vom fiktiven Wiedersehen der Charlotte Kestner, geb. Buff, mit dem Autor des Romans „Die Leiden des jungen Werthers" handelt, setzte Thomas Mann seinem großen Vorbild Goethe schließlich ein literarisches Denkmal.

Zurück zu den Wurzeln

In seinem letzten Roman „Bekenntnisse des Hochstaplers Felix Krull", den Mann bereits 1910 begonnen hatte, dessen ersten Teil er aber erst 1954 fertigstellte, rückte das

Thema des Künstlers, der als trickreicher Betrüger auftritt, wieder ins Zentrum.

Entstehungsgeschichte der Novelle „Mario und der Zauberer"

Auch wenn Thomas Mann in all seinen Werken Selbsterlebtes als Stoff aufgegriffen und literarisiert hat, ist der biografische Anteil in der Novelle „Mario und der Zauberer" doch besonders hoch. Wie er in seinen Erinnerungen wiederholt betont hat, basiert die Novelle auf einem Erlebnis, das er während eines Italienurlaubs in Forte dei Marmi mit seiner Frau Katia und seinen zwei jüngsten Kindern Elisabeth und Michael im Jahr 1926 gemacht hat. Das meiste, das Mann im literarischen Text erzählt, hat er in der Realität auch so erlebt: die Ärgernisse mit dem Hotelier und mit dem wehleidigen Jungen Fuggièro ebenso wie die spätere Gaukler-Veranstaltung. „Der ‚Zauberkünstler' war da und benahm sich genau, wie ich es geschildert habe", erinnert sich Mann in einem späteren Brief. „Erfunden ist nur der letale [tödliche] Ausgang: In Wirklichkeit lief Mario nach dem Kuss in komischer Beschämung weg und war am nächsten Tage, als er uns wieder den Tee servierte, höchst vergnügt und voll sachlicher Anerkennung für die Arbeit ‚Cipollas'."[1] Diese literarische Veränderung lässt sich mit Blick auf die Gattung des Textes leicht erklären: „Mario und der Zauberer" wäre – dies betont Mann auch selbst – ohne die Wendung am Ende keine wirkliche Novelle, die dafür typische unerhörte Begebenheit würde fehlen. Die tödlichen Schüsse sorgen nicht nur für die nötige Dramatik, sondern heben

1926: Erlebnisse in Forte dei Marmi

---

[1] Thomas Mann: Briefe I. 1889–1936. Frankfurt a. M.: Fischer Taschenbuch Verlag 1979, S. 299f.

die zunächst alltägliche Geschichte ins Parabelhafte – aus einem realen Erlebnis wird ein literarisches Ereignis.

1929: Entstehung an der Ostsee Geschrieben hat Thomas Mann die Novelle erst drei Jahre nach dem Erlebnis, und zwar während eines Ostsee-Urlaubs mit den gleichen Familienmitgliedern wie damals in Italien. In seinem „Lebensabriss" erinnert er sich an die damalige Arbeit am Strand: „Ich rückte den Sitzkorb nah an den Saum des Wassers, das voll von Badenden war, und so, auf den Kni-

Thomas Mann bei der Arbeit an „Mario und der Zauberer", Ostseebad Rauschen, Sommer 1929

en kritzelnd, den offenen Horizont vor Augen, der immerfort von Wandelnden überschnitten wurde, mitten unter genießenden Menschen, besucht von nackten Kindern, die nach meinen Bleistiften griffen, ließ ich es geschehen, dass mir aus der Anekdote die Fabel [hier: die Handlung], aus lockerer Mitteilsamkeit die geistige Erzählung, aus dem Privaten das Ethisch-Symbolische [im Sinne des ethisch Allgemeingültigen] unversehens erwuchs"[1]. Das Schreiben an der Novelle mag Thomas Mann auch deshalb leichtgefallen sein, weil die Atmosphäre am Strand in Deutschland von 1929 der Atmosphäre im von Mussolini beherrschten Italien von 1926, in dem faschistische und nationalistische Tendenzen immer deutlicher spürbar wurden, sicherlich in vielen Aspekten ähnlich war.

---

[1] Thomas Mann: Lebensabriss. In: Ders.: Über mich selbst. Autobiographische Schriften. Frankfurt a. M.: Fischer Taschenbuch Verlag 1994, S. 100–145; hier: S. 141

Die Novelle „Mario und der Zauberer" ist 1930 erschienen: zunächst als Beitrag in den „Velhagen & Klasings Monatsheften", danach als eigenständiges Buch bei S. Fischer, dem Verlag, dem Thomas Mann zeitlebens treu geblieben ist.

1930: Publikation der Novelle

Manns Erzähltechnik

Wie in all seinen literarischen Werken unternimmt Thomas Mann auch in seiner Novelle „Mario und der Zauberer" keine modernen, avantgardistischen Erzählexperimente, sondern schließt an die Erzähltechnik des 19. Jahrhunderts an. Die Geschehnisse, von denen in traditioneller, wenn auch stilistisch vollendeter Weise berichtet wird, stehen im Vordergrund. Dennoch lohnt sich ein genauerer Blick auf die in der Novelle verwendete Erzähltechnik, insbesondere auf den Erzähler, aus dessen Sicht die gesamte Handlung wiedergegeben wird.

Traditionelle Erzählweise

Dabei ist zunächst wichtig, strikt zwischen dem Autor und dem Erzähler zu unterscheiden. Der Autor ist der Verfasser eines Textes, wohingegen der Erzähler eine vom Autor verwendete erzählende Instanz, ein literarisches Instrument ist. Niemals überschneiden sich Autor und Erzähler. Dies gilt auch für einen literarischen Text wie die Novelle „Mario und der Zauberer", die auf autobiografischen Erlebnissen beruht. Auch wenn Thomas Mann als Autor in seinem Italienurlaub ganz ähnliche Erfahrungen gemacht hat, darf er doch nicht mit seinem Erzähler verwechselt werden.

Unterschied zwischen Autor und Erzähler

Beim Erzähler der Novelle handelt es sich um einen auktorialen Ich-Erzähler, der von den Geschehnissen nicht nur berichtet, sondern sie häufig auch kommentiert und bewertet. Gerade in diesen Kommentaren wird die Diskrepanz zwischen erlebendem Ich und erzählendem Ich deutlich. Der Erzähler spaltet sich gleichsam auf in zwei, zeitlich

Erzähler aufgespalten in erlebendes und erzählendes Ich

voneinander getrennte Seiten: in ein jetziges Subjekt, das ein früheres Selbst als Objekt beobachtet. Diese beiden Ich-Instanzen unterscheiden sich somit insbesondere durch den Erzählerstandort: Steht das erlebende Ich innerhalb der erzählten Welt, also inmitten der Handlung in Torre, so blickt das erzählende Ich auf das Erlebte zurück, nimmt also einen Standort außerhalb der erzählten Welt ein.

Selbstkritik des
Erzählers im
Rückblick Besonders deutlich wird dieser Gegensatz zwischen diesen beiden Seiten in der Textpassage, in der sich der Erzähler im Rückblick fragt, weshalb er Cipollas Veranstaltung nicht verlassen hat (vgl. S. 76–79). In diesem Abschnitt distanziert sich das erzählende Ich ausdrücklich von der damaligen Entscheidung des erlebenden Ich. „Zu entschuldigen ist es nicht, dass wir blieben" (S. 77), betont der Erzähler in der Reflexion und bezieht damit kritische Stellung gegen sich selbst. Gerade weil er über sein Verhalten im Nachhinein verwundert und enttäuscht ist, sucht er nach Erklärungsversuchen, will gleichsam mit sich selbst ins Reine kommen. „Unterlagen wir einer Faszination, die von diesem auf so sonderbare Weise sein Brot verdienenden Manne auch neben dem Programm, auch

---

Verhältnis zwischen erlebendem und erzählendem Ich

Handlungszeit: später, von außen:

versucht, im nachträglichen Rückblick Klarheit zu gewinnen über

Cipolla
Publikum
Erzähler (als erlebendes Ich)

Erzähler
(als erzählendes Ich)

➤ Der Erzähler spaltet sich in Subjekt (= erzählendes Ich) und Objekt (= erlebendes Ich) auf, beobachtet sich selbst und versucht, sich dadurch besser zu verstehen.

zwischen den Kunststücken ausging und unsere Entschlüsse lähmte?" (S. 77f.), fragt sich der Erzähler, gelangt aber zu keiner endgültigen und befriedigenden Antwort. Schon einleitend gesteht er dem Leser: „ich muss Ihnen die Antwort schuldig bleiben" (S. 76). Und am Ende der Überlegungen meint er fast entschuldigend: „Nehmen Sie das als Erklärung unserer Sesshaftigkeit an oder nicht! Etwas Besseres weiß ich einfach nicht vorzubringen." (S. 79)

Trotz aller kritischen Reflexion ist es dem Erzähler also nicht möglich, sein früheres Verhalten, das ihm im Rückblick angesichts der dramatischen Vorfälle rund um den unheimlichen Cipolla mehr als fragwürdig erscheint, zu erklären, geschweige denn zu rechtfertigen. So erinnert er in diesem Dilemma an zahllose Deutsche, die Adolf Hitler während der Zeit des Dritten Reiches bis ins Verderben folgten und sich nach dem Ende des Kriegs fassungslos, aber meist vergeblich fragten, wie sie auf den Verführer und Verbrecher haben hereinfallen können.

Rückblick der Deutschen nach dem Zweiten Weltkrieg auf die vergangenen Jahre

Le Bons „Psychologie der Massen"

Das zentrale Thema von Thomas Manns Novelle „Mario und der Zauberer" ist die Kontrolle eines Publikums durch einen willensstarken Hypnotiseur – oder allgemeiner ausgedrückt: die Beeinflussbarkeit einer Masse von Menschen durch einen charismatischen Führer. Um die Vorgänge zwischen Cipolla und seinen Zuschauern besser zu verstehen, bietet sich daher eine Betrachtung des Werkes aus der Perspektive der „Psychologie der Massen" des französischen Sozialwissenschaftlers Gustave Le Bon (1841 – 1931) an.

Zentrales Thema: Beeinflussung einer Masse durch einen charismatischen Führer

Das 1895 erschienene Buch gilt als *das* Standardwerk der Massenpsychologie, eines in den 1920er-Jahren populären, zwischen Soziologie und Psychologie stehenden wissenschaftlichen Ansatzes, der das Verhalten von Men-

Le Bons Buch: das Standardwerk der Massenpsychologie

schenmassen erforscht. Zur Zeit der Entstehung der Novelle „Mario und der Zauberer" gehörte „Psychologie der Massen" zum Bildungskanon der Intellektuellen Europas. Auch wenn nicht nachweisbar ist, ob Thomas Mann das Buch gelesen hat, kann man doch davon ausgehen, dass auch er mit den Kernthesen Le Bons vertraut war.

Führer und Masse

Im Zentrum des Buchs steht die wechselhafte Beziehung zwischen ‚Führer' und ‚Masse', gewissermaßen zwei Seiten einer Medaille. Beim Führer handelt es sich um einen selbstsicheren Tatmenschen, der andere Menschen durch seinen Willen beeinflusst und kontrolliert. Um die Zuhörer für seine Ideen zu gewinnen, bedient er sich keiner rationalen Argumente, sondern irrationaler Behauptungen, die er permanent und suggestiv wiederholt. So ist der Führer meist ein geschickter Redner, ein Demagoge, der die Masse durch reine Rhetorik zu überzeugen versteht. Darüber hinaus zeigt er eine große Gewaltbereitschaft, um mögliche Widerstände gegen sich im Keim zu ersticken. Das wichtigste Merkmal des Führers ist nach Le Bon sein Nimbus, also das Ansehen, das Charisma einer Person. Kraft dieser besonderen Ausstrahlung gelingt es dem Führer, die Masse zu einem Instrument seines Willens zu formen. Die Masse wiederum setzt sich aus einzelnen Menschen zusammen, die aber durch die Beeinflussung des Führers ihre Individualität und Autonomie verlieren. Sie handeln nicht mehr vernünftig, sondern emotional, lassen sich von unbewussten Trieben leiten und gehen schließlich ganz in der Masse auf. Diese wird gleichsam zu einem Organismus, der durch den Führer leicht zu beeinflussen ist. Aus zivilisierten und kultivierten Menschen wird eine unberechenbare, archaische Kraft, die zu den irrationalsten und grausamsten Handlungen fähig ist.

Der Führer Cipolla und sein Publikum

Le Bons Beschreibungen lassen sich leicht auf Thomas Manns Novelle übertragen. Die Rolle des charismatischen Führers nimmt hier der Zauberer Cipolla ein. Er ist überaus

sprachgewandt und kann seine Zuschauer allein durch seine Worte und die wiederholt eingestreuten patriotischen
Wendungen für sich gewinnen. Dabei versucht er nicht,
sein Publikum durch rationale Gedankenführung zu überzeugen, sondern manipuliert es auf emotionaler, häufig
auch unbewusster Ebene. Es geht ihm nicht um Argumen-
tation, sondern um Suggestion. Neben seinem Redetalent
verfügt Cipolla auch über einen großen Nimbus: Schon
seine extravagante Kleidung unterstreicht das Besondere
seiner Person, das noch durch den Siegelring und die
Schärpe, das Abzeichen eines Adeligen, betont wird. Mit
diesen zur Schau gestellten Attributen der eigenen Größe
und Wichtigkeit hebt sich Cipolla von seinem Publikum
deutlich ab. Seinen Nimbus kann er während der Vorstel-
lung durch seine Eloquenz und die ersten Hypnoseerfolge
noch steigern. Ist er beim Publikum auch nicht beliebt, so
doch geachtet und bewundert. Gefestigt wird seine Macht
durch die Reitpeitsche, die er während des ganzen Abends
einsetzt: Sie symbolisiert seinen Herrschaftsanspruch und
die Bereitschaft, notfalls auch Gewalt gegen Widerspensti-
ge einzusetzen. So repräsentiert Cipolla den idealtypischen
Führer, wie ihn Le Bon in seinem Buch beschreibt. Kraft
seines reinen Willens gelingt es ihm, aus dem Publikum,
das sich anfangs aus einzelnen, voneinander getrennten
Individuen zusammensetzt, eine homogene Masse zu bil-
den, die ihm immer bereitwilliger folgt, um schließlich in
der Tanzorgie gegen Ende des Abends alle Hemmungen zu
überwinden. Aus einer losen Ansammlung von Menschen
ist *ein* Organismus geworden, der durch einen einzigen
charismatischen Menschen leicht zu bezwingen und zu
kontrollieren ist.

Aus der Perspektive des massenpsychologischen Ansatzes
Le Bons wird der politische Gehalt von Thomas Manns Novelle besonders deutlich: „Mario und der Zauberer" lässt
sich auch und vor allem als Parabel über die Gefahren des

Cipolla als
Idealtypus des
faschistischen
Diktators

aufkommenden Faschismus in Europa in den 1920er-Jahren lesen – als Warnung vor der Verführbarkeit der Völker durch Demagogen wie Mussolini oder Hitler.

Der ‚Führer' Adolf Hitler und sein Volk (1933)

Novellentheorie

Merkmale der Novelle Seitdem der Gattungsbegriff der Novelle erstmals 1764 von Christoph Martin Wieland verwendet wurde, setzt sich die Literaturwissenschaft bis heute mit ihren wesentlichen Kennzeichen auseinander, durch die sich die Novelle von den anderen literarischen Gattungen abgrenzt. Bei aller Unterschiedlichkeit der einzelnen Definitionen werden doch immer wieder die folgenden zentralen Merkmale genannt:

- Realitätsbezug der Handlung,
- Neuigkeitscharakter des Erzählten („unerhörte Begebenheit"),
- Konzentration auf einen Grundkonflikt,
- Handlung basiert auf psychologischen Vorgängen,
- Konzentration auf wenige Figuren,
- geschlossene Handlung; straffe Handlungsführung; keine Nebenhandlungen; deutlich ausgewiesenes Ende,
- Aufbau ähnelt Dramenstruktur.

Wesentliches Merkmal jeder Novelle ist ihr Realitätsbezug. Sie muss glaubwürdig erscheinen, ihre Handlung darf keine fantastischen oder märchenhaften Züge tragen. Dies gilt auch für Thomas Manns Novelle „Mario und der Zauberer". Auch ohne den expliziten Hinweis darauf, dass der Autor hier Selbsterlebtes aufgenommen und literarisiert hat, ist der authentisch wirkende Charakter seines Textes offensichtlich. Der Ort der Handlung – das italienische Städtchen Torre di Venere – wird namentlich genannt, ihre Zeit lässt sich zumindest grob in die zweite Hälfte der 1920er-Jahre einordnen. Die auftretenden Figuren erhalten – abgesehen vom Erzähler und seiner Familie, die bis zum Schluss anonym bleiben – konkrete Namen, über einige erfährt man weitere Informationen, etwa über ihren Beruf oder ihre Vergangenheit. Auch der Handlungsverlauf selbst wirkt realistisch und nachvollziehbar. Dies gilt auch für das dramatische Ende: Der Mord an Cipolla geschieht zwar überraschend und unerwartet, aber keineswegs unglaubwürdig.

Realitätsbezug der Handlung

Mit diesem Höhe- und Wendepunkt wird ein weiteres Gattungskriterium erfüllt: Jede Novelle (lat. *novus*: neu; ital. *novella*: Neuigkeit) erzählt von einem neuen, nicht alltäglichen Ereignis, von „einer unerhörten Begebenheit", wie es Goethe einst formulierte. Marios Schüsse auf Cipolla haben ohne Frage einen großen Neuigkeitswert. Hätte der Mord tatsächlich in der Realität stattgefunden, wäre tags darauf in den Medien darüber berichtet worden.

Neuigkeitscharakter des Erzählten („unerhörte Begebenheit")

In diesem Ereignis entlädt sich mit einem Mal die Spannung, die sich durch den die gesamte Novelle bestimmenden Grundkonflikt aufbaut. Die Handlung kreist um das Thema von Macht und Ohnmacht zwischen den Menschen. Allen geschilderten Episoden ist gemein, dass Einzelne sich irrationalerweise ein Recht über andere anmaßen, deren Freiheit einschränken und somit Gewalt ausüben: ob die Hoteldirektion, die die Familie aus dem Hotel

Konzentration auf einen Grundkonflikt

verweist, ob patriotische Kinder und Erwachsene, die die Nacktheit der unschuldigen Tochter als unmoralisch definieren und Strafe fordern, oder Cipolla, der das Publikum buchstäblich nach seiner Peitsche tanzen lässt. Gerade in dessen Verhalten spiegelt sich der unangemessene Machtanspruch Einzelner wider, die anderen Menschen ihren Willen aufzwingen wollen, um deren Freiheit zu rauben.

Handlung basiert auf psychologischen Vorgängen

Dieser Grundkonflikt weist bereits auf ein anderes Gattungskriterium hin: Auch Thomas Manns Novelle basiert auf psychologischen Vorgängen, die Handlung schöpft ihren Gehalt weitgehend aus dem Seeleninneren der auftretenden Figuren. Insbesondere die Vorgänge in Cipollas Veranstaltung, in der sich zivilisierte Menschen hypnotisieren und zu den irrationalsten Handlungen hinreißen lassen, sind nur psychologisch zu erklären. Und auch die dramatischen Ereignisse am Schluss sind die unmittelbare Folge aus der emotional hoch aufgeladenen Spannung zwischen Mario und Cipolla: Zur Katastrophe, der „unerhörten Begebenheit", kommt es aufgrund der psychischen Überreaktion eines gedemütigten Menschen.

Konzentration auf wenige Figuren

Ein weiteres Merkmal der Novelle ist ihre geschlossene Form, zu der ein überschaubares Figurenensemble gehört. Auch in Manns Novelle tritt nur eine begrenzte Anzahl von Figuren auf: in der Exposition die Familie aus Deutschland und einige Italiener; in der Haupthandlung die Familie, verschiedene Zuschauer und Cipolla. Im Zentrum des Werkes stehen allerdings – wie bereits sein Titel andeutet – nur zwei Figuren: Mario und der Zauberer. Diesen beiden Titelfiguren steht der Erzähler als beobachtende Instanz gegenüber. In seiner Passivität trägt er jedoch kaum etwas zum Handlungsverlauf bei und kann daher nur bedingt als eine der Hauptfiguren bezeichnet werden.

Geschlossene Handlung; straffe Handlungsführung; keine Nebenhandlungen; deutlich ausgewiesenes Ende

Das Kriterium der geschlossenen Form erfüllt Manns Novelle auch hinsichtlich der Handlung, die einheitlich, straff und abgeschlossen erzählt ist: Eine Familie erlebt während ihres Badeurlaubs sich steigernde merkwürdige Ereignisse, die schließlich in einen Mord münden. Die einzelnen Szenen der Novelle, deren Zeit und Ort einheitlich sind, führen schrittweise und fast zwangsläufig auf dieses Ende hin. Das gesamte Geschehen erfolgt linear, auf der Handlungsebene finden also weder zeitliche Sprünge noch Nebenhandlungen statt.

Diese Ausführungen zu Figuren und Handlung tangieren bereits das letzte Gattungskriterium der Novelle: ihre Nähe zum Drama, die sich insbesondere im Aufbau zeigt. Theodor Storm bezeichnete die Novelle gar als „Schwester des Dramas" und sah in ihr die „strengste Form der Prosadichtung"[1]. Auch die Novelle „Mario und der Zauberer" zeichnet sich durch eine kunstvoll komponierte Struktur aus. Ähnlich wie im Drama werden auch hier die Figuren und der handlungsbestimmende Grundkonflikt in einer Exposition (Ereignisse im Hotel und am Strand) eingeführt, in der anschließenden Haupthandlung (Zauberveranstaltung) steigert sich die Spannung allmählich, erreicht gegen Ende ihren Kulminationspunkt – Höhepunkt – (Marios Schüsse auf Cipolla), um sich danach aufzulösen.

Aufbau ähnelt Dramenstruktur

Wirkung und Rezeption der Novelle

Die Novelle „Mario und der Zauberer" wurde seit ihrem Erscheinen 1930 sowohl von der Literaturkritik als auch von der Literaturwissenschaft sehr unterschiedlich aufgenommen und interpretiert. Diese Heterogenität zeigt sich insbesondere hinsichtlich der Frage, ob und inwieweit das Werk als politische Parabel, als Warnung vor dem aufkommenden Faschismus in Europa zu lesen ist. Während ein

Ambivalente Lesarten

---

[1] Theodor Storm: Eine zurückgezogene Vorrede. In: Ders.: Märchen, Kleine Prosa. Hg. von Dieter Lohmeier. Frankfurt a. M.: Deutscher Klassiker Verlag 1988, S. 408–410; hier: S. 409

Teil der Rezipienten diese Lesart bejaht, lehnt sie der andere Teil ab und weist auf die literarisch-ästhetischen Qualitäten des Textes, denen eine solche Interpretation nicht gerecht würde.

Thomas Manns eigene Deutungen

Von einer derart ambivalenten Einstellung zeugen bereits die eigenen Deutungen des Autors, die sich über die Jahre hinweg stark verändert haben: Nachdem Thomas Mann Anfang der 1930er-Jahre noch das „Symbolische" und „Ethische"[1] seiner Novelle betont und deren politischen Gehalt bestritten hatte, relativierte er diese Ansicht während des Zweiten Weltkriegs, indem er zwar ihren „moralisch-politischen Sinn" zugestand, gleichzeitig aber feststellte: „Immerhin, sie ist in ihrer Gesamtheit als Kunstwerk zu betrachten, nicht als tagespolitische Allegorie [hier: Gleichnis]."[2] Erst 1947, nach Kriegsende, bezeichnete er das Werk ausdrücklich als politisch motiviert: „Im Grunde war die Novelle wohl eine erste Kampfhandlung gegen das, was damals schon die europäische Gesamtatmosphäre erfüllte und durch den Krieg nicht restlos aus ihr vertrieben worden ist."[3] Über die Gründe eines solchen Wandels der persönlichen Meinung kann man nur spekulieren. Es liegt jedoch nahe, dass Thomas Mann seine Novelle, die er womöglich tatsächlich ohne direkte politische Absicht und eher aus ästhetischen Gründen konzipiert und geschrieben hat, vor dem Hintergrund des Zweiten Weltkriegs selbst anders las und ihm erst im Rückblick ihr politischer Gehalt offenbar wurde.

Zeitgenössische Rezensionen

Von der zeitgenössischen Literaturkritik wurde die Novelle – Thomas Manns erste Veröffentlichung nach der Verleihung des Nobelpreises – sehr interessiert rezipiert und häufig besprochen: Etwa 50 Rezensionen erschienen im In-

---

[1] Dichter über ihre Dichtungen. Thomas Mann, Teil II: 1918–1943. München 1979, S. 369

[2] ebd., S. 371

[3] ebd., S. 372

und Ausland. Die Urteile fielen jedoch keineswegs nur positiv aus. Der Schweizer Essayist und Kritiker Eduard Korrodi beispielsweise erkennt in der Novelle „Mario und der Zauberer" lediglich eine Art literarisierte persönliche Urlaubserinnerung, gleichsam eine Fingerübung des Autors. Einen politischen Gehalt der Novelle völlig abstreitend, fragt er nach ihrem eigentlichen Sinn, wenngleich er seine Besprechung in versöhnlichem Ton schließt: „Es bleibt ihr die Auszeichnung, dass so überraschend, klug und feingezwirnt doch kein anderer erzählen kann als Thomas Mann, der vor denen, die ihm Würde, Gravität [Gemessenheit im Gehaben], Länge, Wissenschaft und Schwere vorwerfen, sich elegant entschuldigt: Er vermöchte das Leichtere auch!"[1] Dieser Meinung steht eine Vielzahl anderer Rezensionen gegenüber, in denen ausdrücklich auf die politische Bedeutung der Novelle hingewiesen wird. So stellt Stefan Großmann in seiner Besprechung explizit einen Zusammenhang zwischen Cipolla und Mussolini her und interpretiert daher auch den Tod des Hypnotiseurs im Kontext der damaligen Zeitumstände. Im Blick auf den Autor schreibt er: „Dies jähe Ende, es kann kein anderes geben, bestärkt den nachgenießenden Leser in dem Wissen, dass Mann als Erzähler immer auch Politiker ist."[2] Auch der Literaturkritiker Julius Bab sieht in der Novelle „Mario und der Zauberer" eine Parabel über das faschistische Italien und schließt folgerichtig: „Wenn Mussolini etwas von Kunst verstände, müsste er diese Novelle in Italien verbieten lassen."[3] Babs Vorhersage sollte sich bewahrheiten: Die Novelle wurde in

---

[1] Eduard Korrodi: Mario und der Zauberer. Neue Zürcher Zeitung, 12. Mai 1930. In: Klaus Schröter (Hg.): Thomas Mann im Urteil seiner Zeit. Frankfurt a. M.: Vittorio Klostermann 2000, S. 175

[2] Stefan Großmann: Mario und der Zauberer. Das Tagebuch 1930. In: Klaus Schröter (Hg.): Thomas Mann im Urteil seiner Zeit. Frankfurt a. M.: Vittorio Klostermann 2000, S. 177

[3] Julius Bab: Rezension. Berliner Volkszeitung v. 8. Mai 1930, S. 45

Italien tatsächlich verboten, eine italienische Übersetzung erschien erst 1945.

Literaturwissen-
schaftliche
Forschung
Ebenfalls erst nach dem Zweiten Weltkrieg wurde Manns Novelle von der Literaturwissenschaft beachtet, wobei hier zwischen West und Ost zu unterscheiden ist. Die Germanistik der späteren DDR folgte hauptsächlich der Einschätzung des ungarischen Literaturtheoretikers Georg Lukács, der Manns Text als Darstellung der Hilflosigkeit des Bürgertums angesichts der wachsenden faschistischen Gefahr las und dementsprechend wertschätzte. Von der Literaturwissenschaft der BRD wurde die Novelle meist kritischer rezipiert. Dies lag nicht zuletzt daran, dass Thomas Mann und sein Gesamtwerk in dieser Zeit im Vergleich zu den Schriftstellern der ‚inneren Emigration' – also jenen Autoren, die Deutschland während der nationalsozialistischen Herrschaft nicht verlassen, sondern ihre Werke unter den Bedingungen von Repression (gewaltsamer Unterdrückung) und Zensur geschrieben haben – generell (und häufig aus fragwürdigen politisch-moralischen Gründen) abgewertet worden sind. Erst in den folgenden Jahrzehnten erkannte die Literaturwissenschaft die Bedeutung der Novelle, die somit zum Gegenstand von etlichen Analysen aus den verschiedensten Perspektiven wurde. In dieser Heterogenität der Interpretationen zeichnet sich insbesondere ein Gegensatz zwischen zwei grundverschiedenen Deutungsansätzen ab, der für die Thomas-Mann-Forschung im Allgemeinen typisch ist: Während ein Teil der Literaturwissenschaftler Manns Texte ‚von außen', also aus dem Blickwinkel verschiedener (geistes-)wissenschaftlicher Positionen analysiert, deutet ein anderer Teil seine Texte ‚von innen' heraus, also werkimmanent, und vor dem Hintergrund der Biografie und des Gesamtwerks Thomas Manns. Beide Richtungen gelangen zu aufschlussreichen Ergebnissen und sollten daher nicht in Konkurrenz zueinander, sondern gleichberechtigt nebeneinanderstehen.

Klaus Maria Brandauer als Cipolla

Wie viele von Manns Werken wurde auch diese Novelle verfilmt, und zwar 1994 unter der Regie von Klaus Maria Brandauer, der auch die Rolle des Zauberers Cipolla übernahm. Trotz etlicher Gemeinsamkeiten zwischen Text und Spielfilm fallen doch insbesondere die erheblichen Unterschiede auf. So nimmt sich Brandauer mehr Zeit für die Darstellung der Ereignisse im Ort Torre vor der abendlichen Veranstaltung: Die später auf der Bühne auftretenden Figuren – und auch Cipolla selbst – erhalten bereits im Vorfeld Konturen und werden durch neu hinzugefügte Nebenhandlungen miteinander verknüpft. Auch der Erzähler, seine Frau und die Kinder, von denen man in der Novelle kaum etwas erfährt, bekommen im Film Namen und spielen für den Handlungsverlauf eine wesentlich wichtigere Rolle. Der Erzähler selbst verhält sich weniger passiv-beobachtend, sondern tritt aktiv gegen die erlebten Ungerechtigkeiten ein. So äußert er sich in einer Ansprache vor dem Kulturrat kritisch über den Patriotismus Italiens und warnt vor der wachsenden Intoleranz. Am meisten jedoch unterscheiden sich Text und Film durch den Handlungsschluss: Nicht Mario erschießt Cipolla, sondern Mario selbst wird von Silvestra aus Versehen erschossen. Der Täter in der Novelle wird zum Opfer im Film, der unheilstiftende Zauberer hingegen überlebt. In einem Interview begründete Brandauer diese Veränderung folgendermaßen: „[W]enn bei uns am Schluss der Geschichte Cipolla überlebt, dann ist es einzig und allein aus dem Grund, weil er wirklich weiter-

Verfilmung

lebt. Wenn die Literaturwissenschaft meint und Thomas Mann selber sagt: ‚Das ist das Synonym für Faschismus', dann kann er nicht gestorben sein, dann haben wir ihn!"[1] Auch wenn dieses Argument durchaus plausibel erscheint, blieb doch bei vielen Kritikern angesichts der auffälligen Diskrepanzen zwischen Text und Film ein Gefühl der Irritation und Unzufriedenheit zurück. Dem ist womöglich dadurch zu begegnen, dass man Brandauers „Mario und der Zauberer" weniger als werkgetreue Umsetzung einer Textvorlage versteht, sondern eher als eigenständiges filmisches Kunstwerk, das durch Thomas Manns Novelle lediglich inspiriert worden ist.

---

[1] Mario und der Zauberer. Das Buch zum Film von Klaus Maria Brandauer. Hg. von Jürgen Haase. Berlin: Henschel-Verlag 1994, S. 98

Die Novelle „Mario und der Zauberer" in der Schule

Der Blick auf die Figuren: Die Personencharakterisierung

Eine literarische Figur charakterisieren – Tipps und Techniken

In einer literarischen Charakterisierung werden neben äußerlichen Merkmalen besonders die Wesenszüge einer literarischen Figur analysiert. Gegebenenfalls muss auch ihre Entwicklung im Werk erfasst werden. Dazu ist es wichtig, die im Text vermittelten Informationen zu sammeln, zu ordnen und zu werten. Bei einem Prosatext ist dabei zwischen der unmittelbaren *Darstellung durch den Erzähler*, der *Selbstdarstellung der Figur* und den *Aussagen anderer Figuren des Werks über die Person* zu unterscheiden.

Auf diesem Wege gelangt man zu einer Gesamtinterpretation der Figur. Das Wesentliche soll nicht in beschreibender, sondern in argumentierender Form dargelegt werden. Alle Behauptungen, die man über eine Figur aufstellt, müssen begründet, d. h. in der Regel durch eine oder mehrere Textstellen belegt werden. Die Zeitstufe ist das Präsens.

Für die Erarbeitung einer literarischen Charakterisierung können unter anderem folgende Aspekte und Leitfragen von Bedeutung sein:

1. Personalien, sozialer Status und äußeres Erscheinungsbild

- Was erfahren wir über Name, Geschlecht, Alter und Beruf der Figur?
- Werden auffällige äußere Merkmale beschrieben?

- Wie werden die Lebensverhältnisse und das soziale Umfeld der Figur dargestellt?
- Gibt es Informationen zur Vorgeschichte der Figur?

2. Wesentliche Charaktereigenschaften und Verhaltensweisen

- Zeigt die Figur typische Verhaltenseigenschaften und Gewohnheiten?
- Was sind ihre hervorstechenden Wesensmerkmale und Charakterzüge?
- Welche Umstände prägen und bestimmen ihre Existenz?
- Welches Selbstbild hat die Figur?
- Welche inneren Einstellungen, welches Weltbild hat sie?
- Zeigt die Figur eine Veränderung in ihren äußeren Merkmalen oder eine innere Entwicklung?
- Wie wird sie von den anderen Figuren wahrgenommen?
- In welcher Beziehung steht sie zu den anderen Figuren?

3. Sprachgebrauch und Sprachverhalten

- Wie kann der Sprachgebrauch der Figur allgemein beschrieben werden? (Sprachebene, Sprachstil)
- Welche Auffälligkeiten lassen sich auf Satz- und Wortebene erkennen? (Satzbau, Wortwahl, …)
- Welche Botschaften werden durch nonverbale Kommunikation übermittelt? (Mimik, Gestik, Körperhaltung)
- Welches Gesprächsverhalten, welche Gesprächsstrategien verfolgt die Figur?

4. Zusammenfassung/Fazit

- Wie lässt sich die Funktion der Figur für die Erzählung beschreiben?

- Inwieweit sind die charakterlichen Merkmale gesellschaftlich bestimmt?
- Welche Gesamtdeutung der Figur ergibt sich aus den gewonnenen Ergebnissen?

Die folgenden Kurzcharakterisierungen der drei wichtigsten Figuren der Novelle bieten die wesentlichen inhaltlichen Anhaltspunkte für die Gestaltung einer Charakterisierung.

Cipolla

Cipolla ist in seinem gesamten Wesen schwer einzuschätzen. Während er anderen Menschen die intimsten Details entlockt, erfährt man über ihn selbst nur wenig Konkretes. Der Erzähler hat sogar Schwierigkeiten, sein genaues Alter zu bestimmen, beschreibt ihn nur vage als „keineswegs mehr jung" (S. 38). Schon sein Name „Cipolla" (ital.: Zwiebel) weist darauf hin, dass sein Charakter komplex ist, sich gewissermaßen hinter mehreren Schichten verbirgt. Sicher jedenfalls ist, dass Cipolla seinen Lebensunterhalt als Zauberer und Hypnotiseur bestreitet. Dabei hat er es offensichtlich zu einiger Popularität gebracht. Zumindest rühmt er sich selbst, „die achtungsvolle Anteilnahme der gebildeten Öffentlichkeit erregt zu haben", eine der führenden Tageszeitungen des Landes habe ihn „ein Phänomen" (S. 47) genannt und sogar Mussolinis Bruder sei einmal sein Zuschauer gewesen. Angesichts seiner verblüffenden Erfolge auf der Bühne besteht kein Anlass, daran zu zweifeln: Er erweist sich tatsächlich als Meister seines Faches. Selbst der überaus kritische Erzähler gesteht ein, dass Cipolla „der stärkste Hypnotiseur [war], der mir in meinem Leben vorgekommen" (S. 80).

1. Personalien, sozialer Status und äußeres Erscheinungsbild

So klar und unbestreitbar Cipollas außergewöhnliche Fähigkeiten als Suggestionskünstler sind, so unklar ist sein
sozialer Status. Er selbst scheint sich zwar mit seiner auffälligen Kleidung „in eine[r] Art von komplizierter Abendstraßeneleganz" vom Publikum abheben zu wollen, trägt einen „Radmantel mit Samtkragen und atlasgefütterter Pelerine, weiße Handschuhe, „einen weißen Schal" und einen
„Zylinderhut" (S. 39). Auch der „Siegelring mit hochragendem Lasurstein" (S. 40) und die „Schärpe", die von einigen Zuschauern „für das Abzeichen des Cavaliere"
(S. 42), eines italienischen Adeligen, gehalten wird, weisen
auf eine vornehme Herkunft und privilegierte Stellung hin.
Doch zumindest der Erzähler hält diese zur Schau gestellten Attribute der eigenen Größe und Bedeutung für zwei-
felhaft: „Vielleicht war die Schärpe reiner Humbug" (S. 42).
Und tatsächlich: Alles deutet darauf hin, dass Cipolla sein
Publikum durch sein extravagantes Äußeres blenden, von
persönlichen Mängeln und Schwächen ablenken will.
Während über seine soziale Herkunft und Position nur ge-
mutmaßt werden kann, wird seine körperliche Entstellung,
die durch seine Kleidung nur teilweise kaschiert ist, bald
offensichtlich.

Denn nachdem er Hut, Schal und Mantel abgelegt hat,
zeigt sich, dass Cipolla mit seinem fast kahlen Schädel und
dem verwachsenen Körper ein recht hässlicher Mann ist.
Insbesondere der „Hüft- und Gesäßbuckel, der den Gang
zwar nicht behinderte, aber ihn grotesk und bei jedem
Schritt sonderbar ausladend gestaltete" (S. 51), fällt dem
Erzähler negativ auf. Cipolla scheint unter dieser Verwach-
sung durchaus zu leiden. Er spricht seinen „kleinen Leibesschaden" (S. 47) zwar wiederholt selbst an und beweist
dadurch scheinbar Souveränität und Selbstbewusstheit.
Aber schon die Häufigkeit und demonstrative Beiläufigkeit,
mit der er immer wieder darauf hinweist, machen miss-
trauisch. In Wirklichkeit, so hat es den Anschein, themati-

siert er seine Missbildung vor allem deshalb, um mögli-
chem Spott anderer Menschen zuvorzukommen.

Cipollas gesamter Charakter scheint eine mehr oder weniger direkte Folge aus diesem körperlichen Mangel zu sein.
Wie zum Schutz vor seelischen Angriffen hat er sich einen
Panzer aus Hochmut und Arroganz angelegt. Zumindest
auf der Bühne zeigt er sich kühl überlegen und achtet stets
auf eine gewisse Distanz gegenüber dem Publikum, an einer Verbrüderung ist ihm nicht gelegen. So wird er auch
von den Zuschauern aufgrund seiner erstaunlichen Leis-
tungen zwar durchaus bewundert und geachtet, aber keineswegs geliebt.

2. Wesentliche Charaktereigen-schaften und Verhaltens-weisen: hochmütig und arrogant

In seinem ganzen Auftreten wirkt Cipolla überaus selbstsicher und stark: Kraft seines reinen Willens gewinnt er
Macht über andere. Doch auch hinter dieser Herrschsucht,
die er mit einer Reitpeitsche in der Hand noch unterstreicht,
verbirgt sich letztlich die Angst vor Verletzung. Bei aller gezeigten Egozentrik und Eitelkeit scheint Cipolla doch ein
zutiefst einsamer und auch unsicherer Mensch zu sein.
Schon der exzessive Tabak- und Alkoholkonsum, durch den
er während der Veranstaltung immer wieder zu neuen
Kräften gelangt, deutet auf seine eigentliche seelische
Schwäche hin. Es ist zu vermuten, dass er in der Vergangenheit immer wieder von den Menschen, insbesondere in
Dingen der Liebe und Sexualität, enttäuscht wurde und
daher im Laufe der Jahre zum verbitterten Außenseiter geworden ist. Wenn er – so scheint sein zynisches Lebensmot-
to zu lauten – die Zuneigung seiner Mitmenschen schon
nicht gewinnen kann, so kann er diese doch wenigstens
unter seine Kontrolle und Herrschaft bringen.

scheinbar selbstsicher

einsam

verbittert

Dem Ziel, andere zu beeindrucken und zu beherrschen,
folgt auch sein Sprachgebrauch. Schon die erste Rede, mit
der er sich an das Publikum wendet, offenbart seine große
Eloquenz: „Sie sahen mich soeben etwas empfindlich gegen die Belehrung, die dieser hoffnungsvolle junge Lingu-

3. Sprachge-brauch und Sprachverhalten: eloquent

ist [...] mir erteilen zu sollen glaubte. Ich bin ein Mann von einiger Eigenliebe, nehmen Sie das in Kauf! Ich finde keinen Geschmack daran, mir anders als ernsthaften und höflichen Sinnes guten Abend wünschen zu lassen, – es in entgegengesetztem Sinne zu tun, besteht wenig Anlass."

gehobene Sprache

(S. 46) Cipolla spricht in sorgfältig gewählter, gehobener Sprache, die durchaus von einer gewissen Bildung zeugt.

Fremdwörter, hypotaktische Sätze

Seine Sätze, in die er zudem noch zahlreiche Fremdwörter einstreut, sind überaus komplex. So gelingt es ihm bald, die Zuschauer allein durch seine rhetorischen Fähigkeiten zu beeindrucken.

patriotische Anspielungen

Darüber hinaus fallen die patriotischen Anspielungen und Parolen auf, die er wiederholt in seine Ausführungen mit einfließen lässt. Fraglich bleibt allerdings, ob sie tatsächlich ernst gemeint sind oder nicht eher dazu dienen, das – überwiegend italienische – Publikum für sich zu gewinnen.

suggestiv

Der suggestive Charakter seines Sprachgebrauchs wird jedenfalls in den Augenblicken offenkundig, in denen er einzelne Zuschauer hypnotisiert und ihnen seinen Willen aufzwingt.

zeigt Herrschafts- und Machtwillen

Hierbei hilft ihm neben seinem Redetalent auch die eingesetzte nonverbale Kommunikation: In allen Kunststücken – angefangen vom Sieg gegen den rebellischen Fischerburschen über die ‚Verführung' von Frau Angiolieri bis hin zur Hypnose des Kellners Mario – schafft Cipolla durch seine Mimik, Gestik und Körperhaltung ein deutliches Machtgefälle gegenüber seiner Versuchsperson. Noch ohne auch nur ein Wort gesagt zu haben, nötigt er sie allein durch sein Auftreten dazu, sich ihm und seinem Herrschaftsanspruch unterzuordnen.

4. Zusammenfassung/Fazit

So handelt es sich bei Cipolla um eine durchaus komplexe und auch ambivalente Persönlichkeit. Hinter der zur Schau getragenen Oberfläche von Stärke und Selbstsicherheit verbirgt sich ein verletzliches Ich. Sein ganzes Wesen ist darauf ausgerichtet, andere Menschen von dieser inneren Schwäche abzulenken, sie stattdessen zu beeindrucken und letztlich zu kontrollieren. Diese Fähigkeiten hat er zur wahren Meisterschaft entwickelt, was ihn zu einem äußerst gefährlichen Menschen macht.

Liest man Thomas Manns Novelle als politische Parabel über den wachsenden Faschismus in Europa in den 1920er-Jahren, so repräsentiert Cipolla skrupellose Machtmenschen wie Mussolini und Hitler.

Mario

Der zwanzigjährige Mario, ein untersetzter Junge mit kurzen Haaren, Sommersprossen und auffallend feinen Händen, arbeitet als Kellner in einem Café in Torre di Venere; früher war er auch einmal in einem Kaufmannsladen angestellt. So ist er beruflich ganz darauf ausgerichtet, andere Menschen zu bedienen und ihre Wünsche zu erfüllen. An dem Veranstaltungsabend hat er seine weiße Kellnerjacke gegen einen ausgebleichten Anzug getauscht, anstelle eines Hemdkragens trägt er ein auffallendes Seidentuch um den Hals. Er stammt aus einfachen Verhältnissen: Sein Vater ist ein „kleiner Schreiber" (S. 96 f.) in einer Behörde, seine Mutter arbeitet als Wäscherin. Die gesamte Erscheinung Marios macht einen melancholischen Eindruck. Er ist Junggeselle und lebt vermutlich allein, ist aber unglücklich in eine Frau namens Silvestra verliebt.

1. Personalien, sozialer Status und äußeres Erscheinungsbild

Marios Charakter ist schwer zu fassen, bleibt seltsam undurchsichtig. Der junge Mann scheint sehr darauf bedacht, anderen Menschen keinen Einblick in sein Inneres zu geben. Er wirkt zurückhaltend und distanziert. Schon die verschränkten Arme, mit denen er Cipollas Veranstaltung folgt, weisen auf diesen abwehrenden Zug hin. Zugleich ist er geistesabwesend und träumerisch, nimmt seine Umwelt nicht aufmerksam wahr: „[E]r gibt nicht acht, das ist so seine Art, obgleich er ein Kellnerbursche ist." (S. 36) Durch

2. Wesentliche Charaktereigenschaften und Verhaltensweisen: zurückhaltend, introvertiert, distanziert, geistesabwesend und träumerisch

diese gesamte Haltung erweckt Mario den Eindruck, dass er etwas zu verbergen hat.

höflich Dabei ist er durchaus höflich, wenn auch nicht herzlich. Er verrichtet seine Kellneraufgabe, wie der Erzähler feststellt, *ernst* in „besondere[r] Dienstfertigkeit" (S. 96), aber ernsthaft und ohne sich bei den Gästen einzuschmeicheln. Schon aufgrund seines Berufs scheint es ihm selbstverständlich, den Wünschen anderer Menschen nachzukommen, so ist es kein Wunder, dass er auch Cipollas Wink auf die Bühne bereitwillig folgt. Erst durch dessen Zudringlichkeiten wird deutlich, dass sich hinter Marios Fassade der professionellen Höflichkeit noch ganz andere Charakterzüge verstecken. Nun kommt zum Vorschein, dass er ein einsamer und *einsam und* trauriger Mensch ist, der sich nicht liebenswert fühlt: Er *traurig* „machte sich offenbar keine Hoffnung, zu gefallen" *empfindet sich* (S. 96), stellt auch der Erzähler fest. Möglicherweise hat *als nicht* Mario bislang nicht einmal den Mut gefunden, die ersehn- *liebenswert* te Silvestra überhaupt anzusprechen und ihr seine Gefühle zu gestehen, weil er sich vor ihrer Zurückweisung fürchtet. Und auch anderen Menschen gegenüber scheint er sich klein und unbedeutend zu fühlen.

3. Sprachge- Das schwache Selbstwertgefühl spiegelt sich auch in Ma- *brauch und* rios Sprachgebrauch und -verhalten wider. Auf der Bühne *Sprachverhalten:* ordnet er sich dem machtbewussten Cipolla ganz unter *spricht leise* und antwortet auf dessen Fragen nur leise und in kurzen, *kurze, elliptische* häufig elliptischen Sätzen (z. B. „Mario heiße ich" [S. 98], *Sätze* „In einem Café" [S. 99]), manchmal auch nur mit Achsel- *einfache Sprache* zucken oder unbestimmten Bewegungen. Seine Sprache weist darüber hinaus auf seine einfache Herkunft hin. Kein Wunder also, dass er der Eloquenz Cipollas nichts entgegenzusetzen weiß. Ihm gelingt es nicht, sich gegen die Suggestionen des Zauberers zu wehren, so gibt er unter Hypnose sein Innerstes preis. Später aus der Trance erwacht, ist die öffentliche Demütigung für Mario so groß, dass er für einen Moment jede Kontrolle über sich verliert und Cipolla in einem Anfall rasender Wut erschießt.

Diese extreme Reaktion lässt vermuten, dass sich in ihm seit Langem Aggressionen angestaut haben, die er hinter der Maske des stets höflichen Kellners verborgen gehalten hat. Durch Cipollas Demütigung drängen sie nun zum Ausbruch. Als Mann von einfacher Herkunft nicht in der Lage, seinen Ärger im Streit mit Worten zu artikulieren und auszuleben, greift er zur rohen Gewalt. Er rächt sich bitterlich für alle Enttäuschungen und Verletzungen, die ihm Cipolla – und wohl auch viele andere Menschen zuvor – angetan haben.

Zusammengefasst zeigt Mario also eine vordergründige Freundlichkeit und Dienstfertigkeit nach außen, die eine andere Seite in ihm verbergen soll: die Sehnsucht nach Nähe, Anerkennung und Liebe. Mit seiner ständigen Höflichkeit scheint er die Ablehnung durch andere Menschen vermeiden zu wollen – würde diese ihm doch das Gefühl, nicht liebenswert zu sein, schmerzvoll bestätigen.

4. Zusammenfassung/Fazit

Fasst man die Novelle als politische Parabel und Warnung vor Faschismus und Nationalismus auf, dann repräsentiert Mario einen Menschen, der aktiv gegen begangenes Unrecht handelt. Seine Tat, der Mord an Cipolla, ließe sich aus dieser Perspektive als Tyrannenmord lesen, der die Gesellschaft aus Diktatur und Knechtschaft befreit.

Der Erzähler

Über den Erzähler erfährt man nur wenige konkrete Informationen, selbst sein Name bleibt ungenannt. Auch über sein Alter und Aussehen, seinen Beruf und sozialen Status kann man nur spekulieren. Denn obwohl es durchaus verlockend erscheint, ihn mit dem Autor Thomas Mann gleichzusetzen, der eigene Erlebnisse in Italien offenkundig

1. Personalien, sozialer Status und äußeres Erscheinungsbild

zum Anlass genommen hat, seine Novelle zu schreiben, wäre dies ein unzulässiger Kurzschluss. Bei allen Parallelen zwischen Realität und Fiktion, und mögen sie noch so auffällig sein, bleiben Autor und Erzähler strikt voneinander getrennt. Für diese Figurenbeschreibung verbietet sich somit jeder Seitenblick auf Manns biografische Daten.

Es steht daher nur fest, dass es sich beim Erzähler um einen Ehemann und Familienvater, vermutlich aus Deutschland, handelt. Er hat eine achtjährige Tochter und einen noch jüngeren Sohn. Wenngleich man nichts über seinen Beruf erfährt, scheint er doch ein Intellektueller zu sein und zur gebildeten Oberschicht zu gehören. Zu den anderen Menschen pflegt er während der Handlung einen eher distanzierten Kontakt.

2. Wesentliche Charaktereigenschaften und Verhaltensweisen:

Damit ist bereits eine seiner zentralen Charaktereigenschaften genannt: Der Erzähler bleibt meist in einer passiven Beobachterrolle, aus der er die Geschehnisse um ihn herum beschreibt und kommentiert. Selbst in Konfliktsituationen, die ihn und seine Familie direkt betreffen, handelt er kaum aktiv, er reagiert lediglich. Auseinandersetzungen mit anderen geht er bewusst aus dem Weg. So verlässt er in der Keuchhustenepisode lieber das Hotel, als sich mit der Direktion anzulegen, und zahlt wenig später anstandslos das verhängte Bußgeld am Strand.

passiv, beobachtend, konfliktscheu

Dennoch ist er in solchen Situationen keineswegs so gleichmütig und gelassen, wie es auf den ersten Blick scheinen mag. Seinen Ärger verdeckt er jedoch durch Spott und Sarkasmus. Die bereitwillige Entrichtung der Strafe erklärt er beispielsweise so: „Wir fanden, diesen Beitrag zum italienischen Staatshaushalt müsse das Abenteuer uns wert sein, zahlten und gingen." (S. 29) Mit solcher Ironie erhebt er sich insgeheim über seine Mitmenschen und kompensiert damit die an ihm und seiner Familie begangenen Ungerechtigkeiten, ohne sich dagegen zu wehren. Auch angesichts der Taten Cipollas, über deren moralische Verwerf-

sarkastisch

überheblich

lichkeit er sich durchaus im Klaren ist, verharrt der Erzähler in passiver Zuschauerhaltung. Aus Bequemlichkeit, aber auch aus Neugier verlässt er mit seiner Familie nicht einmal in der Pause den Saal, geschweige denn, dass er gegen den Hypnotiseur auf der Bühne aktiv einschreiten würde. So entspricht der Erzähler dem weitverbreiteten Bild des introvertierten Intellektuellen, der zwar ständig über sich und die Welt reflektiert, dabei aber das Handeln vergisst.

intellektuell

Als Intellektueller gibt sich der Erzähler auch in seinem Sprachgebrauch zu erkennen. Er drückt sich in seinem Bericht gewählt und gehoben aus, viele seiner Sätze haben eine komplexe, hypotaktische Struktur: „Die Schamwidrigkeit, die wir uns hätten zuschulden kommen lassen, hieß es, sei um so verurteilenswerter, als sie einem dankvergessenen und beleidigenden Missbrauch der Gastfreundschaft Italiens gleichkomme." (S. 27) Auch der häufige Gebrauch von Fremdwörtern (z. B. „Philippika", S. 27) und hochgestochenen Wendungen (z. B. „alles Pathos des sinnenfreudigen Südens", „Dienst spröder Zucht und Sitte", S. 27) demonstriert seine große Bildung und Eloquenz.

3. Sprachgebrauch und Sprachverhalten:

komplexe, hypotaktische Sätze

Fremdwörter, gehobene Sprache, eloquent

In unangenehmen Situationen dient ihm die Sprache auch als Schutz. Wie oben bereits angedeutet, flüchtet er bei erlebten Ungerechtigkeiten häufig in Ironie, die ihm das Gefühl der eigenen Überlegenheit gibt. Dabei wirkt er nicht selten eingebildet und überheblich. In einer Situation der extremen Gereiztheit und Nervosität am Strand kommt dieser Charakterzug besonders deutlich zum Ausdruck: „[Man] war aber unvermeidlich doch auch umringt von menschlicher Mediokrität und bürgerlichem Kroppzeug, das, geben Sie es zu, von dieser Zone geprägt nicht reizender ist als unter unserem Himmel." (S. 22) Mit einem solchen Satz, in dem der Erzähler Mitmenschen als lästiges „Kroppzeug" bezeichnet, verlässt er einen Moment lang die Haltung des feinsinnigen Intellektuellen und gibt eine gehörige Arroganz, ja Verachtung gegenüber anderen zu erkennen.

ironisch

arrogant

4. Zusammen-
fassung/Fazit

Zusammengefasst bleibt der Erzähler während der gesamten Handlung in der passiven Rolle des Beobachters. Er interessiert sich zwar durchaus für seine Umwelt, nimmt sie sogar sehr bewusst und genau wahr, beteiligt sich aber kaum an den Vorgängen um ihn herum. Stattdessen begnügt er sich mit nach innen gewandten Reflexionen und Kommentaren, mit stillem Sarkasmus und heimlichem Spott.

Wenn man Thomas Manns Novelle als politische Parabel interpretiert, so kommt dem Erzähler die Rolle des Intellektuellen in einer Diktatur zu, der die herrschenden Ungerechtigkeiten zwar klar erkennt und womöglich auch gewissenhaft protokolliert, sie aber nicht aktiv bekämpft.

Der Blick auf den Text: Die Textanalyse

Einen Textauszug analysieren – Tipps und Techniken

Für die Analyse eines Textauszugs stehen grundsätzlich zwei verschiedene Methoden zur Auswahl: die Linearanalyse und die aspektgeleitete Analyse.

In der **Linearanalyse** werden die einzelnen Aspekte systematisch analysiert, das heißt ihrer Reihenfolge nach. Dies führt in der Regel zu genauen und detaillierten Ergebnissen. Allerdings besteht dabei die Gefahr, dass zu kleinschrittig gearbeitet wird und die übergeordneten Deutungsaspekte des Auszugs aus dem Blick geraten.

In der **aspektgeleiteten Analyse** werden diese Deutungsschwerpunkte von vornherein festgelegt. Daraus ergibt sich in der Regel eine problemorientierte und zielgerichtete Vorgehensweise. Dabei werden jedoch die Deutungsaspekte, die nicht im Fokus des Interesses stehen, vernachlässigt.

Aufbauschema:

1. **Einleitung:**
   - Themensatz: Autor, Titel, Textsorte, Erscheinungsjahr, Thema, kurze Inhaltsangabe

2. **Einordnung des Textauszugs in die Novelle:**
   Was geschieht vorher, was nachher?

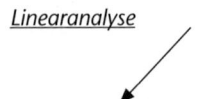

Linearanalyse   *aspektgeleitete Analyse*

3. **Aufbau des Textauszugs:**
   - Auflistung der Textabschnitte/ Textgliederung

3. **Untersuchungsschwerpunkte:**
   - Auflistung der ausgewählten Untersuchungsaspekte

4. **Beschreibung und Deutung der unter 3. angegebenen Textabschnitte:**
   - Aussagen zum Inhalt des Abschnitts
   - Aussagen zur Deutung, Einbettung in den Zusammenhang der Novelle
   - Einbezug der sprachlichen Gestaltung
   - Überleitung zum nächsten Textabschnitt

4. **Beschreibung und Deutung der unter 3. angegebenen Aspekte:**
   - Benennen des jeweiligen Aspekts
   - Aussagen zur Deutung, Einbettung in den Zusammenhang der Novelle
   - Einbezug der sprachlichen Gestaltung

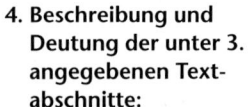

5. **Schluss:**
   - Zusammenfassung der Ergebnisse
   - Einordnung in einen größeren Deutungszusammenhang
   - Bewertung

Beispielanalyse (linear)

S. 42 („Man lachte ...") – S. 45 („... durch die Luft fahren lassen.")

Aufgabe: Analysieren (beschreiben und deuten) Sie die vorliegende Textpassage aus „Mario und der Zauberer" von Thomas Mann.

Die vorliegende Textpassage stammt aus der Novelle „Mario und der Zauberer" von Thomas Mann, die 1930 veröffentlicht wurde. Das Werk handelt vor dem Hintergrund des wachsenden Faschismus in Europa von der Verführbarkeit der Massen durch charismatische Führer, hier dargestellt anhand einer abendlichen Zauberveranstaltung in dem italienischen Badeort Torre di Venere Ende der 1920er-Jahre. Im Zentrum der Handlung steht der machtbesessene Hypnotiseur Cipolla, dem es gelingt, das Publikum kraft seines Willens immer mehr zu kontrollieren, bis er schließlich von einem gedemütigten Zuschauer, dem Kellner Mario, aus Rache erschossen wird. Der Erzähler, der mit seiner Familie in Italien Urlaub macht, beobachtet das Geschehen aus kritischer Distanz, ohne je aktiv einzugreifen.

Einleitung

Bei dem vorliegenden Textauszug handelt es sich um eine Szene zu Beginn der Zauberveranstaltung. Nachdem Cipolla seinen Auftritt absichtlich um einige Zeit verzögert hat, ist er mittlerweile auf der Bühne erschienen. Grußlos hat er die Zuschauer zunächst gemustert und sich schließlich eine Zigarette angezündet, die er arrogant schweigend vor dem Publikum raucht. So herrscht gleich zu Beginn eine gespannte Atmosphäre im Saal. Die zu analysierende Szene setzt in dem Moment ein, in dem ein junger Fischerbursche aus dem Publikum den Mann auf der Bühne spöttisch begrüßt. Das darauf folgende Wortgefecht zwischen den beiden endet damit, dass Cipolla sein Gegenüber

Einordnung des Textauszugs in den Gesamtzusammenhang der Novelle

durch reine Suggestivkraft zwingt, seine Zunge herauszu-
strecken. Mit diesem ersten Erfolg hat er den Respekt und
die Achtung des Publikums gewonnen, das er im Lauf der
weiteren Handlung immer mehr kontrollieren und in eine
ekstatische Masse verwandeln wird.

Aufbau des Textauszugs

Der Textauszug lässt sich in vier Teile untergliedern. Der
erste Abschnitt („Man lachte ..." (S. 42) – „... herausstre-
cken könntest." (S. 44)) handelt von dem Wortwechsel
zwischen den beiden Männern, der wie ein normales Gespräch beginnt, bald aber in die hypnotischen Beschwö-
rungen Cipollas übergeht. Der zweite Abschnitt („Er sah
ihn an ..." (S. 44) – „... seine frühere Stellung ein." (S. 45))
bildet den Höhepunkt der Szene: Der Fischerbursche un-
terwirft sich hier dem Willen des Zauberkünstlers und führt
dessen Befehl aus. Die letzten zwei Abschnitte beschreiben, wie Cipolla auf seinen ersten Triumph an diesem
Abend reagiert (dritter Abschnitt: „,Ich war's' ..." (S. 45) –
„... kippte es geübt." (S. 45)) und wie zwiespältig die Familie aus dem Ausland das Geschehen auf der Bühne auf-
nimmt (vierter Abschnitt: „Die Kinder lachten ..." (S. 45)
– „... durch die Luft fahren lassen." (S. 45)).

Deutung der Textabschnitte: Abschnitt I

Die Szene beginnt mit dem spöttischen „Buona sera!"-Ruf
(S. 42) des Fischerburschen aus dem Publikum, der sich
durch Cipollas arroganten und wortlosen Auftritt offenbar
provoziert fühlt und den Mann auf der Bühne nun zu einer
Reaktion bewegen will. Ohne zu zögern, nimmt Cipolla die
Herausforderung an und verwickelt den Jungen in ein Gespräch. Zunächst hat es durchaus den Anschein, als sei dieser dem Zauberkünstler in seinem Selbstbewusstsein eben-
bürtig, wenn nicht gar überlegen. Angriffslustig weist er
ihn auf den Grund seiner Begrüßung hin: „Es wäre Ihre
Sache gewesen, aber ich zeigte Entgegenkommen."
(S. 43) Da der Junge auch noch ein „schöner Bursche"
(S. 43) mit modischer Frisur ist und sich damit vom alten,
verwachsenen Cipolla mit den spärlichen Haaren schon

rein äußerlich abhebt, ist es kein Wunder, dass er die Zuneigung des Publikums gewinnt; ein Zuschauer lobt ausdrücklich seine freche Schlagfertigkeit: „Die populäre Lek-
tion war schließlich am Platze gewesen." (S. 43) Doch
nicht nur das Publikum scheint den Burschen in seiner ju-
gendlich-ungestümen Art zu mögen, auch Cipolla zeigt
sich beeindruckt: „Ah bravo! […] Du gefällst mir, Giovanot-
to" (S. 43), entgegnet er scheinbar versöhnlich. „Solche
Leute, wie du, haben meine besondere Sympathie, ich
kann sie brauchen." (S. 43) Der böse Doppelsinn, der sich
hinter diesen vermeintlich freundlichen Worten verbirgt,
wird allerdings schnell deutlich.

Denn im weiteren Gesprächsverlauf zeigt sich, dass Cipolla
den Jungen im wörtlichen Sinn „brauchen" kann – nämlich
als erste Versuchsperson. Durch suggestive Einflüsterungen
verwirrt er ihn mehr und mehr. „Du tust, was du willst.
Oder hast du schon einmal nicht getan, was du wolltest?
Oder gar getan, was du nicht wolltest? Was nicht du wol-
test?" (S. 43), fragt er den Fischerburschen, um diesen am
Ende aufzufordern, dem Publikum seine Zunge zu zeigen.
Cipolla zielt hier auf einen inneren Konflikt ab, der jeden
Menschen betrifft. Wie insbesondere die Psychoanalyse
aufgezeigt hat, verbergen sich in jedem von uns aggressive
und destruktive Impulse, die wir aber aufgrund unserer Sozialisation meist nicht ausleben, sondern vor anderen –
und häufig auch vor uns selbst – verbergen. Der Fischerbursche lehnt auch die Aufforderung zum ungehörigen
Verhalten zunächst entschlossen ab: „Es würde von wenig
Erziehung zeugen." (S. 44) Cipolla beherrscht sein Handwerk jedoch perfekt: Kraft reiner Suggestion gelingt es
ihm, sein Opfer alle Hemmungen vergessen zu lassen.

Im zweiten Abschnitt, auf dem Höhepunkt der Szene, gibt   Abschnitt II
sich Cipolla das erste Mal eindeutig als Hypnotiseur zu erkennen: „Er sah ihn [den Fischerburschen] an, wobei seine
stechenden Augen tiefer in die Höhlen zu sinken schie-

nen." (S. 44) Zur Durchsetzung seines Willens dient ihm neben dem eindringlichen Blick auch eine „Reitpeitsche" (S. 44), die als Symbol für seine Herrschsucht und Gewaltbereitschaft interpretiert werden kann. Und tatsächlich: Er hat Erfolg, bald ist jeder Widerstand gebrochen. In dem Augenblick, als sich der Bursche Cipollas Befehl beugt und seine Zunge weit herausstreckt, ist der Machtkampf zwischen den beiden entschieden: Der Hypnotiseur hat den Jungen besiegt, gewissermaßen zu seiner willenlosen Marionette gemacht. So ist es also, pointiert gesagt, letztlich Cipolla selbst, der dem Publikum die Zunge herausstreckt und damit seine Verachtung ihm gegenüber zum Ausdruck bringt.

Abschnitt III Der dritte Abschnitt handelt davon, wie Cipolla mit seinem ersten Erfolg an diesem Abend umgeht. Selbst nach dem klaren Triumph lässt er sein Opfer nicht in Frieden, sondern ‚tritt noch einmal nach'. Er parodiert die einst so selbstsicher wirkenden Ausrufe des Jungen („Ich war's", „Bè... das war ich", S. 45), die nun, nach dessen erlittener Niederlage, nur noch läppisch und lächerlich erscheinen. Schon hier wird erahnbar, wie sehr Cipolla den Burschen hassen muss – insgeheim scheint er neidisch auf dessen Jugend und Schönheit zu sein. (Dieser Charakterzug wird in dem zweiten Intermezzo zwischen den beiden, in dessen Verlauf Cipolla dem anderen eine schmerzhafte Magenkolik einredet, noch deutlicher werden.) Abschließend trinkt Cipolla wie zur Belohnung für das erfolgreich absolvierte Kunststück ein Glas Kognak, mit sich und seiner Leistung offenbar äußerst zufrieden.

Abschnitt IV Während der dritte Abschnitt von Cipollas Umgang mit seinem Triumph erzählt, handelt der vierte Abschnitt von der Reaktion der Familie des Erzählers auf das Bühnengeschehen. Die Kinder sind von Cipollas Darbietung begeistert, sie „lachten von Herzen" (S. 45). In ihrer Unschuld und Naivität haben sie kein Gefühl für das ethisch Bedenkliche der öffentlichen Willensbezwingung eines Menschen, sondern freuen sich arglos über Cipollas Darbietung, „etwas so Drolliges", es „amüsierte sie höchlichst" (S. 45). Noch keine rechte Ahnung davon, was sie in einer Zauberveranstaltung erwarten würde, „waren sie bereit, diesen Anfang köstlich zu finden" (S. 45). So stehen sie in ihrer kritiklosen Haltung stellvertretend für Menschen allgemein, die sich gutgläubig auf charismatische Führertypen einlassen, ohne die drohenden Gefahren zu erkennen. Aus dieser Naivität werden die Kinder bis zum Schluss der Novelle nicht erwachen.

Im Gegensatz zu ihnen zeigt sich der Erzähler schon nach dem Auftakt der Veranstaltung besorgt, er wechselt einen vielsagenden Blick mit seiner Ehefrau. Als aufmerksamer und reflektierender Beobachter ist ihm nicht entgangen, dass das scheinbar so harmlose Hypnosekunststück in Wirklichkeit von einer unheimlichen Willensstärke, ja Herrschsucht Cipollas zeugt – und vermutlich auch einen Vorgeschmack auf das folgende Programm gibt. So kann man es geradezu als Vorahnung auffassen, dass der Erzähler „unwillkürlich mit den Lippen leise das Geräusch nachahmte, mit dem Cipolla seine Reitpeitsche hatte durch die Luft fahren lassen" (S. 45). Mit dieser unbewussten Geste fasst der Erzähler das soeben Erlebte nicht nur in komprimiertester Form zusammen, sondern nimmt auch – so ließe sich etwas spekulativ interpretieren – die Katastrophe am Ende, den Kuss Marios (Lippen) und die darauf folgenden Schüsse (Geräusch), insgeheim vorweg.

In der Reaktion des Erzählers zeigt sich aber auch seine Passivität, die bereits in den vorangegangenen Episoden – im Hotel und am Strand – deutlich geworden ist. Obwohl er die Gefahr, die von Cipolla ausgeht, durchaus erkennt, verlässt er mit seiner Familie nicht den Saal, sondern bleibt bequem und neugierig auf seinem Platz sitzen. Selbst in der späteren Pause, in der seine Sorge angesichts des Bühnengeschehens und vor allem im Blick auf die Kinder noch viel stärker geworden ist, wird sich an dieser passiven Haltung nichts ändern.

Schluss Der vorliegende Textauszug gibt somit eine erste Ahnung von dem dramatischen Verlauf des Abends. Durch die Willensbezwingung des jungen Fischerburschen demonstriert Cipolla eindrucksvoll seine hypnotischen Fähigkeiten, durch die er bald das ganze Publikum kontrollieren wird. Darüber hinaus zeigt sich in dem analysierten Auszug einmal mehr die passive Haltung des Erzählers, der im Gegensatz zu seinen Kindern das Bedrohliche des Veranstaltungsauftakts klar erkennt, aber dennoch nicht geht, geschweige denn aktiv ins Geschehen eingreift. So scheint sich die Katastrophe des Endes bereits in dieser Auftaktszene insgeheim abzuzeichnen.

Beispielanalyse (aspektgeleitet)

S. 25 („Es war unsere Schuld …") – S. 29 („… zahlten und gingen.")

Aufgabe: Analysieren (beschreiben und deuten) Sie den vorliegenden Textauszug aus „Mario und der Zauberer" von Thomas Mann.

Einleitung Der vorliegende Textauszug stammt aus Thomas Manns Novelle „Mario und der Zauberer" aus dem Jahr 1930. In diesem Werk thematisiert der Autor vor dem Hintergrund des wachsenden Faschismus in Europa die Verführbarkeit der Massen durch charismatische Führer, hier dargestellt anhand der abendlichen Zauberveranstaltung des Hypnotiseurs Cipolla in dem italienischen Badeort Torre di Venere Ende der 1920er-Jahre. Im Vorfeld dieser Veranstaltung,

der Haupthandlung der Novelle, berichtet der Erzähler –
ein Tourist, der mit seiner Familie im Ort Urlaub macht – in
einer Art Einleitung von einer Reihe ärgerlicher Erlebnisse,
in denen sich die chauvinistisch-nationalistische Stimmung
im Land offenbart.

Der vorliegende Textauszug handelt von dem letzten und
gleichzeitig ärgerlichsten dieser Erlebnisse, nämlich von
der prüden Reaktion der Einheimischen am Strand angesichts der nackten Tochter des Erzählers. Diese Szene stellt
sowohl den Höhepunkt der Einleitung als auch die Überleitung auf die Haupthandlung dar. Sie schafft den passenden
Hintergrund für das Auftreten des unheimlichen Zauberers
Cipolla, der als Personifikation der hitzigen Atmosphäre am
Ort aufgefasst werden kann.

Einordnung des
Textauszugs in
den Gesamtzu-
sammenhang der
Novelle

An keiner anderen Stelle in Manns Novelle werden die –
grotesk und gefährlich anmutenden – Auswirkungen einer
faschistischen Stimmung in einer Gesellschaft so eindrucksvoll dargestellt wie in dieser Textpassage. Darüber hinaus
tritt in ihr ein wesentlicher Charakterzug des Erzählers besonders deutlich zum Vorschein: sein passives, geradezu
feiges Verhalten in unangenehmen Situationen. Der vorliegende Auszug soll im Folgenden hinsichtlich dieser beiden
Aspekte analysiert werden.

Untersuchungs-
aspekte

Der Ausgangspunkt der Episode ist denkbar alltäglich, eigentlich nicht der Rede wert: Die achtjährige Tochter des
Erzählers geht nackt ans Wasser, um ihren Badeanzug vom
Sand zu befreien. So harmlos und unschuldig diese Handlung an sich ist, so hysterisch-überzogen ist die Reaktion
der italienischen Strandgäste. „Die patriotischen Kinder
johlten" (S. 26), die Erwachsenen unterhalten sich erregt
und aufgebracht: Die Nacktheit des Kindes wird „hierorts
als Herausforderung empfunden" (S. 26). Man sieht in der
begangenen „Schamwidrigkeit" (S. 27) einen Angriff auf
„die öffentliche Moral" (S. 26) und fordert Sanktionen.

I. Aspekt:
Auswirkungen
einer faschisti-
schen Stimmung

Die hier gezeigte Prüderie lässt sich vor dem Hintergrund der faschistischen Grundstimmung erklären, die in Italien zu dieser Zeit herrscht. Es scheint, als müsste sich die Gesellschaft selbst vor ihren eigenen hitzigen, teils aggressiven Trieben und Impulsen schützen, mithin durch eine rigide öffentliche Moral ihre moralische Integrität zu bewahren versuchen. Paradox ausgedrückt: Die herrschenden Sitten sind gerade deshalb so streng, weil durch das nationalistisch aufgeladene und daher auch intolerante Klima ein allgemeiner Sittenverfall droht. Zu dieser Erkenntnis gelangt auch der Erzähler, wenn er konstatiert, nicht gewusst zu haben, „dass die moralische Verwahrlosung in diesem schönen Lande je einen solchen Grad erreicht gehabt habe, dass ein solcher Rückschlag von Prüderie und Überempfindlichkeit begreiflich und notwendig erscheinen könne" (S. 28).

Zum Repräsentanten dieser allgemeinen Stimmung erhebt sich ein „Herr in städtischem Schniepel", der „zu korrigierenden Schritten entschlossen" ist und die Familie über „Zucht und Sitte" (S. 27) belehrt. In seiner gesamten steifen und kleinbürgerlichen Erscheinung stellt er das Gegenteil zur Natürlichkeit und Freiheit des nackten Mädchens dar. Die heimliche Verwandtschaft zwischen Prüderie und Patriotismus wird in seiner pathetischen Ansprache besonders deutlich: Er hält die begangene „Schamwidrigkeit" nicht nur für eine Verletzung „der öffentlichen Badevorschriften", sondern bezeichnet sie auch als „Verstoß gegen die nationale Würde" und die „Ehre seines Landes" (S. 27). In seiner moralischen Entrüstung bringt er den Fall schließlich zur Anzeige, damit das ‚Vergehen' der Familie „in Wahrung dieser Ehre" (S. 27) bestraft werde.

Was darauf folgt, mutet in seinem bürokratisch-grotesken Ablauf geradezu kafkaesk (also absurd im Sinn des Schriftstellers Franz Kafka) an: Die „Behörde" wird „[t]elefonisch" benachrichtigt, woraufhin ihr „Vertreter" (S. 28) am Strand erscheint, der die Tat ebenfalls scharf verurteilt und die Familie ins Gebäude der Behörde führt. Dort bestätigt „ein höherer Beamter" das „vorläufige Urteil" (S. 29) und maßregelt die Familie ebenfalls. Bezeichnenderweise verwendet er hierbei dieselben, „offenbar landläufigen didaktischen Redewendungen" (S. 29) wie zuvor der empörte Mann am Strand. In einer faschistischen Gesellschaft, so ließe sich dies interpretieren, ist kein Raum für Freiheit und Individualität – hier herrschen Gleichschritt und Uniformität, die sich nicht zuletzt im allgemeinen Sprachgebrauch niederschlagen. Spätestens wenn der Beamte am Ende seiner Ansprache ein „Sühne- und Lösegeld" (S. 29) auferlegt, wird die Absurdität der gesamten Episode deutlich: Eine an sich völlig harmlose und unschuldige Handlung ist zum Tatbestand eines juristischen Prozesses geworden, in dem es Angeklagte und Richter, Schuldspruch und Strafe gibt.

Angesichts einer solchen Zuspitzung der Ereignisse lohnt sich ein genauerer Blick auf das Verhalten des Erzählers, durch das einer seiner wesentlichen Charakterzüge zum Ausdruck kommt. Während der Mann am Strand die Familie in barscher Weise über die Sitten des Landes belehrt, zeigt der Erzähler scheinbar Verständnis und Einsicht: „Wir taten unser Bestes, diese Suade mit nachdenklichem Kopfnicken anzuhören." (S. 27) In Wirklichkeit aber hält er die moralische Empörung der Einheimischen für prüde, die schulmeisterliche Zurechtweisung für unverschämt. Im Rückblick erinnert er sich, dass er „dies und das auf der Zunge" (S. 27) gehabt habe, was er dem Mann hätte kritisch entgegnen wollen. Doch es bleibt lediglich bei der „Lust, zu antworten" (S. 28) – nach außen gibt er sich reumütig, geradezu unterwürfig: „[W]ir beschränkten uns darauf, zu versichern, dass jede Provokation und Respektlosigkeit uns fern gelegen habe, und entschuldigend auf das zarte Alter, die leibliche Unbeträchtlichkeit der kleinen Delinquentin hinzuweisen." (S. 28) Dieses unterwürfige Ver-

II. Aspekt: Verhalten des Erzählers

halten wird sich bis zum Schluss der Episode nicht ändern: Auch als ihm der Beamte in der Behörde ein Bußgeld auferlegt, wehrt sich der Erzähler nicht, sondern zahlt anstandslos. Im Rückblick kompensiert er die erlittene Demütigung durch Sarkasmus und Spott: „Wir fanden, diesen Beitrag zum italienischen Staatshaushalt müsse das Abenteuer uns wert sein" (S. 29). Die Überheblichkeit, die durch diese Ironie deutlich wird, steht in extremem Widerspruch zur vorher demonstrierten Unterwürfigkeit gegenüber den Einheimischen. Der Erzähler macht sich – insgeheim – über sie und ihr Land lustig. Die unangenehme und ärgerliche Szene wird im Nachhinein als interessantes „Abenteuer" (S. 29) umgedeutet. Er präsentiert sich dem Leser nachträglich als Mann von Welt, der in souveräner Gelassenheit über den Dingen steht, während er sich in der konkreten Situation kleinmacht und vor anderen ‚buckelt'.

So zeigt sich im vorliegenden Textauszug ein zentraler Charakterzug des Erzählers, der auch an etlichen anderen Stellen der Novelle zum Vorschein tritt: Er verharrt meist in einer passiven Beobachterrolle, aus der er die Geschehnisse um ihn herum kommentiert – allerdings nur in Gedanken bzw. gegenüber dem Leser. Selbst in Konfliktsituationen, die ihn und seine Familie direkt betreffen, tritt er nicht aktiv für sein Recht ein, sondern fügt sich den anderen. Seinen dabei empfundenen Ärger verdeckt er durch Ironie, mit der er sich insgeheim über seine Mitmenschen und die Umwelt erhebt. Sein gesamtes Wesen ist somit geprägt von einer tiefen Kluft zwischen innerer Haltung und äußerer Handlung. Ungeachtet all seiner eigenen Rechtfertigungsversuche zeigt sich der Erzähler in seinem Verhalten mithin als ängstlich und feige. Gerade vor dem zeitgeschichtlichen Hintergrund der Novelle erinnert er an Menschen in faschistischen Staaten, die das herrschende Unrecht zwar klar erkennen, es aber aus Furcht vor Repressionen schweigend erdulden.

Zusammengefasst handelt es sich bei dem Textauszug um Schluss eine für die gesamte Novelle überaus wichtige Passage: Strukturell bildet er einerseits den dramatischen Abschluss der Einleitung, andererseits leitet er auf den Hauptteil, Cipollas Zauberveranstaltung, über. Auch inhaltlich bereitet die Strandepisode auf den unheimlichen Hypnotiseur vor, stellt ihn und seine Herrschsucht gleichsam in den Kontext der nationalistisch aufgeheizten Stimmung im Lande. Darüber hinaus kommt in der Szene die passive, feige Haltung des Erzählers zum Ausdruck, die er auch während der folgenden Handlung – und bis zum tragischen Ende – nicht aufgeben wird.

Der Blick auf die Prüfung: Themenfelder

Dieses Kapitel dient zur unmittelbaren Vorbereitung auf die Prüfung: Schulaufgabe bzw. Klausur oder schriftliche bzw. mündliche Abiturprüfung. Die wichtigsten Themenfelder werden in einer übersichtlichen grafischen Form dargeboten. Außerdem verweist eine Liste mit Internetadressen (S. 101) auf mögliche Quellen für Zusatzinformationen.

Die schematischen Übersichten können dazu genutzt werden,

- wesentliche Deutungsaspekte der Novelle kurz vor der Prüfungssituation im Überblick zu wiederholen,
- die Kerngedanken der Novelle noch einmal selbstständig zu durchdenken und
- mögliche Verständnislücken nachzuarbeiten.

Zum Verständnis der Schemata ist die Kenntnis der vorausgehenden Kapitel unerlässlich. Die folgenden Schwerpunktsetzungen beruhen auf Erfahrungen aus jahrelanger Prüfungspraxis. Die Übersicht IV (Vergleichsmöglichkeiten mit anderen literarischen Werken, S. 100) soll als Anregung dienen, um den eigenen Lektürekanon auf möglicherweise interessante Vergleichspunkte hin abzuklopfen.

Übersicht I:
Aufbau und Struktur der Novelle „Mario und der Zauberer"

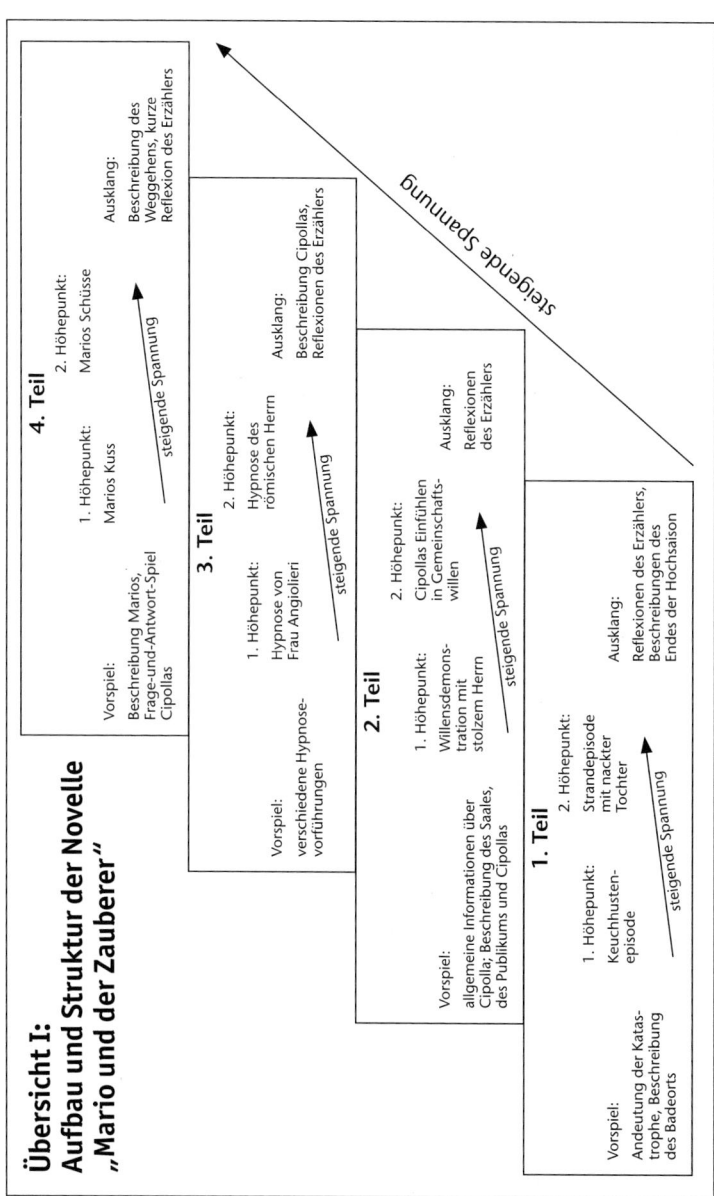

Übersicht II: Merkmale der Novelle

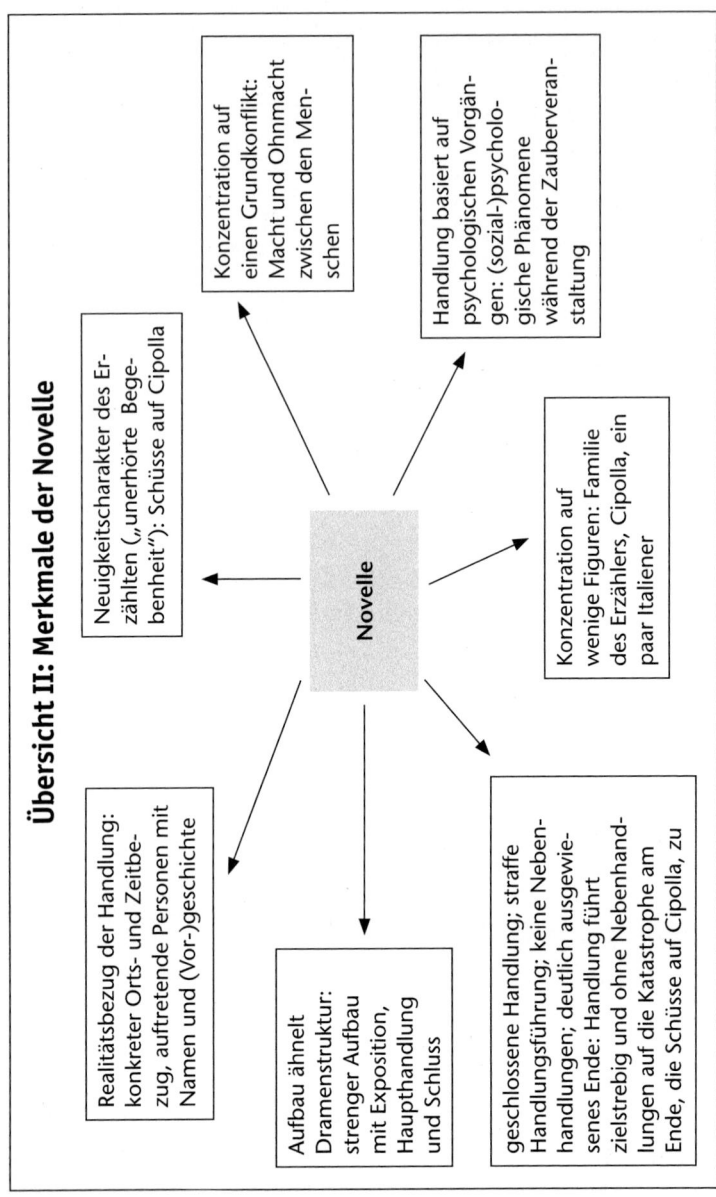

Neuigkeitscharakter des Erzählten („unerhörte Begebenheit"): Schüsse auf Cipolla

Konzentration auf einen Grundkonflikt: Macht und Ohnmacht zwischen den Menschen

Handlung basiert auf psychologischen Vorgängen: (sozial-)psychologische Phänomene während der Zauberveranstaltung

Novelle

Konzentration auf wenige Figuren: Familie des Erzählers, Cipolla, ein paar Italiener

Realitätsbezug der Handlung: konkreter Orts- und Zeitbezug, auftretende Personen mit Namen und (Vor-)geschichte

Aufbau ähnelt Dramenstruktur: strenger Aufbau mit Exposition, Haupthandlung und Schluss

geschlossene Handlung; straffe Handlungsführung; keine Nebenhandlungen; deutlich ausgewiesenes Ende: Handlung führt zielstrebig und ohne Nebenhandlungen auf die Katastrophe am Ende, die Schüsse auf Cipolla, zu

Übersicht III: Mögliche Untersuchungsschwerpunkte

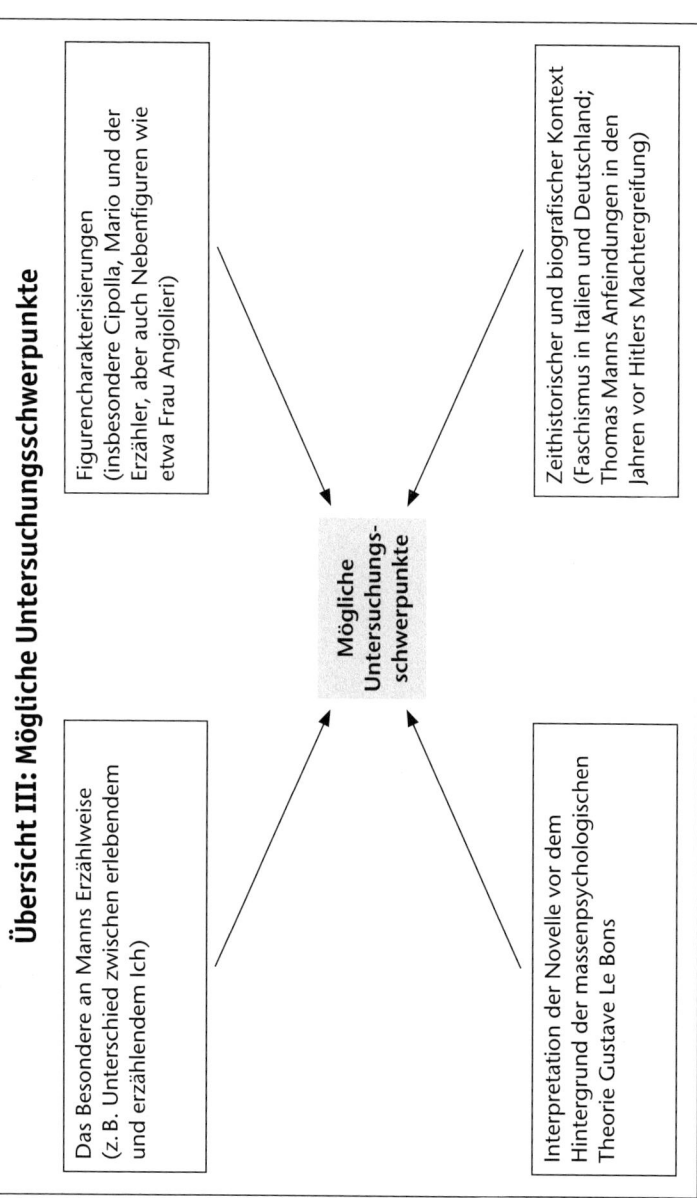

Mögliche Untersuchungsschwerpunkte

Figurencharakterisierungen (insbesondere Cipolla, Mario und der Erzähler, aber auch Nebenfiguren wie etwa Frau Angiolieri)

Zeithistorischer und biografischer Kontext (Faschismus in Italien und Deutschland; Thomas Manns Anfeindungen in den Jahren vor Hitlers Machtergreifung)

Das Besondere an Manns Erzählweise (z. B. Unterschied zwischen erlebendem und erzählendem Ich)

Interpretation der Novelle vor dem Hintergrund der massenpsychologischen Theorie Gustave Le Bons

Übersicht IV: Vergleichsmöglichkeiten mit anderen literarischen Werken

Figurenvergleiche, z. B.

- Cipolla mit dem Kurfürsten aus Kleists Drama „Prinz von Homburg"
- Mario mit Georg Bendemann aus Kafkas Erzählung „Das Urteil"
- Der Erzähler mit dem Erzähler in Kafkas Parabel „Auf der Galerie"

Motivvergleiche, z. B. mit

- dem Motiv des *Kontrollverlusts* in Kafkas Parabel „Der Steuermann"
- dem Motiv von *Wirklichkeit und Schein* in Schnitzlers „Traumnovelle"
- dem Motiv des *passiven Intellektuellen* in Kafkas Erzählung „In der Strafkolonie"

Manns
„Mario und der Zauberer"

Manns Novellenkonzeption im Vergleich

- mit einer Novelle aus der Romantik, z. B. Goethes „Novelle"
- mit einer Novelle aus dem poetischen Realismus, z. B. Storms „Schimmelreiter"
- mit einer Novelle aus der literarischen Moderne, z. B. Schnitzlers „Traum-novelle"
- mit einer Novelle aus der Postmoderne, z. B. Süskinds „Die Taube"

Vergleichende Erzähleranalyse, z. B. mit

- Goethes Reisebericht „Italienische Reise"
- Büchners Erzählung „Lenz"
- Kellers Novelle „Kleider machen Leute"
- Schnitzlers „Traumnovelle"
- Manns Novelle „Der Tod in Venedig"
- Köppens Roman „Tauben im Gras"
- Frischs Roman „Homo faber"
- Süskinds Erzählung „Der Kontrabass"